스페인어 배우고!!

중남미 여행하고!!

EL ESPAÑOL

정혜정 · 박채연

한국외국어대학교 출판부

머리말

살사(salsa), 탱고(tango), 룸바(rumba) 등 라틴 댄스와 음악, 축구 열기와 함께 스페인의 프리메라 리가(Primera Liga)에 대한 관심으로 스페인어권의 문화가 우리나라에 많이 소개되고 있다. 따라서 스페인을 비롯한 라틴아메리카 20여 나라의 모국어이며 사용 인구 면에서도 중국어, 영어 다음인 스페인어가 더 이상 우리에게 생소하지는 않다. 그러나 아직도 우리나라에서 스페인어는 영어와 중국어만큼 흔하게 배울 수 있는 언어가 아닌 것도 사실이다.

이 책은 두 부분으로 이루어져 있다. 첫번째 부분은 모든 분야에서 주목받는 대륙이 될 중남미 전반에 관해 축약된 형태로 살펴 보았다. 두번째 부분은 스페인어의 맛을 조금이라도 본 사람이라면 손쉽게 다양한 표현을 익힐 수 있도록 구성하였다. 스페인어 사용국으로 여행하거나 그곳에서 생활할 때 자신의 의사를 정확하게 전달할 수 있도록 상황별로 예시하였다. 또한 장소에 관계없이 혼자서 공부할 수 있도록 스페인어 발음을 우리말로 표기하였을뿐 아니라 책의 내용을 원어민이 녹음하여 정확한 발음을 배울 수 있도록 하였다.

외국어를 공부하는 데 왕도가 없다는 것은 우리 모두 아는 사실이다. 우리말을 하듯 편한 마음으로 자신의 의사를 스페인어로 전하기 위해서는 반복하여 외우는 방법 밖에 없다고 생각한다. 또한 완벽하지 않더라도 창피하게 생각하지 말고 외국인과 한 두 단어만으로도 말을 해보는 것이 중요할 것이다. 이 책이 여러분에게 도움이 되었으면 하는 마음 간절하며 이 책의 출간에 애써주신 한국외국어대학교출판부 여러분께 감사의 마음을 전한다.

2007년 7월 10일

정혜정 · 박채연

1부 중남미 약사

I. 라틴아메리카 일반 사항

II. 현대사

III. 종교 문화

IV. 예술

V. 생활

VI. 20세기 중남미

2부 회 화

 1 라틴아메리카인가, 이베로아메리카인가?

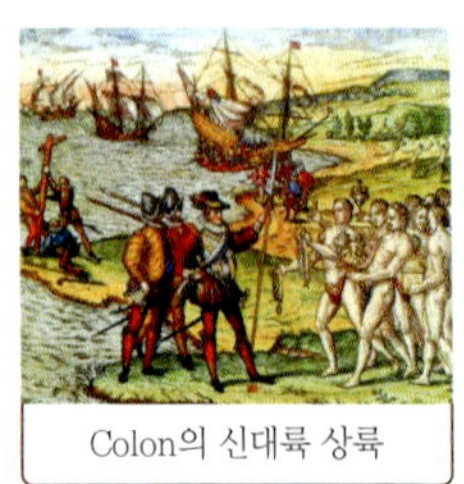
Colon의 신대륙 상륙

1492년 스페인 이사벨 여왕의 지원을 받은 콜럼버스가 오랜 항해 끝에 미지의 땅에 도착하였다. 콜럼버스는 죽는 순간까지 이 땅이 아시아 대륙의 일부분으로 알았으나, 이 미지의 땅은 결국 아메리카와 아시아 사이에 존재하는 거대한 대륙으로 밝혀졌다. 새로운 땅의 이름은 이탈리아의 항해가인 아메리고 베스푸치의 이름을 따라 '아메리카'라고 명명되었다.

유럽과 아메리카의 만남은 세계사적으로 볼 때 엄청난 사건이었다. 서로의 존재를 몰랐던 문명들이 아무런 사전준비 없이 조우한 것은 지구상에 처음이자 마지막으로 일어난 일이었다. 지중해의 좁은 바닥에서 놀던 유럽인들에게 아메리카 대륙은 상상 속에서나 존재하던 낙원이었고 황금이 넘치는 엘도라도였다. 그러나 이 낙원은 제국주의의 약탈 대상으로 전락하면서 곧 지옥으로 변해 버린다.

사실 공통점이라곤 찾아볼 수 없던 두 문명의 충돌, 그리고 기술문명이 앞선 유럽인들이 자연스럽게 원주민 문명을 정복해 나가는 것은 불가피한 역사적 비극이었다. 스페인은 아메리카의 군사적 정복을 통해 한편으로는 막대한 경제적 이득을 취했고 다른 한편으로는 원주민들을 기독교도로 개종시킴으로써 육체적 · 정신적 예속 구조를 정착시켰다.

오늘날 중남미를 가리키는 용어로 쓰이는 것은 '라틴아메리카', '이베로아메리카', '히스패닉아메리카' 등이 있다. 이 가운데 가장 많이 쓰이는 '라틴아메리카'라는 말은 중남미 안에서 스페인어, 포르투갈어, 프랑스어 등 라틴어 계통인 로망스어를 국가 공용어로 사용하는 지역을 통칭하며 중남미 대부분의 국가가 포함된다. '이베로아메리카'라는 말은 스페인어와 포르투갈어를 사용하는 지역으로서 '라틴아메리카'에서 프랑스어를 사용하는 아이티가 제외된다. 한편 '히스패닉아메리카'는 스페인어를 공용어로 쓰는 19개 나라의 지역으로서 '이베로아메리카'에서 포르투갈어를 쓰는 브라질이 제외된다.

중남미 대륙의 지형을 보면 남북으로 13,000km, 동서로 5,000km에 뻗어있고 총 면적은 2,053 평방km로서 세계 육지 면적의 5분의1 을 차지한다. 이 지역에 살고 있는 총 인구는 약 5억 명에 달한다. 중남미는 아직 형성되지 않은 미완의 대륙이며 엄청난 자원을 보유하고 있는 미래의 대륙이다. 브라질은 러시아, 인도, 중국과 함께 BRIC's 국가로서 세계경제의 주역으로 떠오르고 있고 멕시코는 미국, 캐나다와 함께 북미자유무역지대(NAFTA)의 일원으로 급성장을 이룩하고 있다. 아르헨티나 역시 한때 세계 4대 부국으로서 누렸던 저력을 간직하며 권토중래를 꿈꾸고 있다. 이밖에도 중남미는 찬란한 고대 문명의 유적과 아름답기 그지없는 자연을 가지고 있는 역사와 관광의 대륙이고, 살사와 탱고 음악에 녹아드는 예술의 대륙이다. 실로 라틴아메리카는 우리에게 천의 얼굴을 보여준다.

2 스페인어를 쓰는 라틴아메리카

스페인어권 아메리카

프랑스어, 포르투갈어, 이탈리아어, 루마니아어 등과 함께 로망스 계열에 속하는 스페인어는 현재 스페인 및 중남미 20여 개국에서 약 4~5억의 인구가 공식적으로 사용하고 있는 언어이다. 스페인어는 비단 스페인어권 국가들뿐만 아니라 미국과 불어, 독어권 그리고 아시아에서도 비약적인 신장을 이루고 있다. 스페인어는 영어와 함께 미래에 살아남을 수 있는 언어로 꼽히고 있고 특히 미국에서는 현재 4천만 명 이상이 스페인어를 구사할 수 있다. 미국대학의 외국어 강좌 수강생 순위에 관한 통계자료에 의하면 미국 대학생들의 가장 선호하는 외국어의 1위는 스페인어로서 70%가 넘는 압도적인 우세를 보이고, 2위는 약 20%를 차지한 프랑스어, 그리고 독일어, 일본어, 이태리어, 중국어 등의 순서로 나타났다. 일본에서는 남미를 무한한 자원의 보고이자 기업진출과 새 시장 개척지로 보고 1백 50여 개 대학이 스페인어를 제 2외국어로 채택하는 등 실용적 측면에서 스페인어가 영어 다음으로 중요하게 인식되고 있다.

그렇다면 스페인어는 어떻게 라틴아메리카에서 쓰이게 되었을까? 언어는 한 집단의 문화를 가장 총체적으로 나타내기 때문에 제국주의의 식민지 정책에서 가장 중요한 것이 바로 언어 정책이었다. 때문에 많은 식민지 국가들이 정치적으로 독립하면서 완벽한 과거청산을 하기 위해 식민 모국의

진법을 도입해 사용했다. 마야문명은 아스텍과 마찬가지로 다신교 사회였으며 옥수수로 인간을 만들었다고 하는 태양의 신을 숭배했다.

한편 남미 안데스 산맥의 고대문명을 대표하는 잉카는 독립적으로 생성된 문명이 아니라 이전부터 존재해 왔던 차빈, 모치카, 치무, 나스카 등 다른 문명들이 결합하여 이루어진 것이다. 안데스 고대문명의 정점에 위치하는 잉카는 처음에는 왕족에 해당하는 혈통을 의미하거나 황제들을 가리키는 말이었으나, 점차 잉카 영토의 특정지역에 거주하는 사람들을 지칭하다가 오늘날에는 잉카 제국을 일반적으로 통칭하는 용어가 되었다. 잉카인들의 공식 언어는 케추아이며 아이유라는 기본 조직을 갖고 있었다. 아이유는 토지나 곡식 등의 수확량을 공동 소유하는 사회제도로 모든 잉카제국의 영토는 황제와 잉카인들, 신전 그리고 아이유 가족의 공동 경작지로 3등분 되었다.

4 라틴아메리카의 인종 스펙트럼

콜럼버스가 아메리카 대륙에 가져온 변화 가운데 가장 큰 것은 바로 새로운 인종의 탄생이 될 것이다. 전 세계의 인종들이 신대륙에 모여들면서 인종 스펙트럼이 형성된 것이다. 이 가운데 가장 대표적인 인종으로는 원래 정착하고 있던 원주민, 유럽에서 건너온 백인, 아프리카에서 노예로 수입된 흑인, 백인과 원주민의 결합으로 탄생한 메스티소, 그리고 노동자로 일하기 위해 건너온 아시아계 이민이 있다.

먼저 토착 원주민들은 아메리카 대륙에 일찍이 정착하여 고대 문명을

전형적인 메스티소 가족

발전시켜왔다. 그러나 현재 이들의 숫자는 라틴아메리카 전체 인구 가운데 소수에 불과하다. 정복자들의 학대와 학살, 타지에서 유입된 질병 등으로 인해 그 숫자가 급격히 감소한 것이다. 한 연구에 따르면 콜럼버스가 아메리카에 처음 왔을 때 8,000만 명에 달하던 원주민 숫자는 100년 후 350만 명으로 줄어들었다고 한다.

중남미 인종의 주류를 이루는 것은 메스티소이다. 특히 온두라스와 엘살바도르에서 메스티소는 전 국민의 약 90%를 차지하고 있고, 멕시코, 니카라과, 파라과이, 베네수엘라 등에서는 70% 이상을 차지하는 것으로 알려져 있다. 메스티소의 일종이라 할 수 있는 물라토는 백인과 흑인 사이에서 태어난 혼혈을 가리키는 말로 도미니카 공화국, 쿠바, 콜롬비아 등의 국가에 많이 살고 있다. 특히 도미니카 공화국에서 물라토의 비율은 70% 이상에 달한다. 이밖에 흑인과 원주민 사이에 태어난 인종으로 삼보가 있다.

한편 스페인 정복자들이 부족한 노동력을 충당하기 위해 아프리카 흑인들을 노예로 수입하면서 흑인의 역사가 시작되었다. 라틴아메리카는 1870년까지 아프리카에서 건너온 노예의 9%를 흡수했으며 그 수는 1백50만 명에 달하는 것으로 알려져 있다. 한편 흑인 노동력이 풍부하던 쿠바는 농장의 흑인 노동력을 대체하기 위해 10만 명 이상의 중국인 노동자를 유입했다. 같은 시기에 페루에도 비슷한 숫자의 중국 노동자들이 도착하여 농장과 철도건설 등에 투입되었다. 이밖에 멕시코에도 소수의 아시아계 주민이 살아가고 있고 브라질에는 다수의 일본계 이주민들이 정착하였다. 또한

20세기 초에는 팔레스타인, 시리아, 레바논 등 아랍국가 출신의 기독교도들이 회교도인 터키 제국의 핍박을 피해 중남미로 이주해 왔다.

중남미의 인구 분포를 보면 대체로 백인, 메스티소 그리고 흑인 등 3지역으로 구분된다고 할 수 있다. 백인 지역은 주로 아르헨티나와 우루과이 등 리오 델라 플라타 주변으로서 기존의 스페인 사람 외에 이탈리아인들이 많이 이주해 살았다. 이밖에 칠레에는 독일인 이주민들이 많이 유입되었다. 중남미의 메스티소 인종 지역은 주로 멕시코, 온두라스, 엘살바도르 등지에 집중되어 있다. 이밖에 쿠바, 자메이카, 도미니카 공화국 등 카리브 도서 국가들과 브라질에는 흑인 인구가 많이 분포되어 있다.

5 국가의 탄생과 독립의 영웅

스페인어를 쓰는 라틴아메리카의 여러 나라들은 흥미로운 이름을 가지고 있다. 먼저 그 나라의 위치나 모습을 보여주는 이름으로 코스타리카(부유한 해안), 푸에르토리코(부유한 항구), 아르헨티나(은이 나는 땅), 에콰도르(적도), 베네수엘라(작은 베네치아) 등이 있다. 한편 '구세주'라는 의미를 가진 엘살바도르가 있고, 콜롬비아와 볼리비아 같이 사람의 이름을 딴 국명도 있다. 콜롬비아는 물론 신대륙을 발견한 콜럼버스의 이름을 따 온 것이고 볼리비아는 라틴아메리카 독립의 영웅인 시몬 볼리바르의 이름을 딴 것이다.

시몬 볼리바르와 산 마르틴의 과야킬 회동

스페인의 식민지 상태에 있던 대부분의 라틴아메리카 국가들은 1804년 아이티의 독립을 시작으로 1898년 쿠바와 푸에르토리코가 독립을 성취하면서 완전히 예속 상태에서 벗어난다. 그러나 대부분의 중남미 국가들이 독립을 성취하는 것은 1810년을 전후한 시점이다. 1810년 4월에는 베네수엘라의 카라카스에서 스페인 총사령관이 축출되었고 9월에는 멕시코에서 이달고 신부의 봉기가 있었다. 또한 같은 해에 아르헨티나에서는 카빌도 집회 이후 스페인 부왕을 축출하고 민병과 지식인이 동맹을 결성하면서 독립의 발판을 마련했다.

중남미 독립 운동에서 가장 돋보이는 두 사람이 베네수엘라 출신의 시몬 볼리바르와 아르헨티나 출신의 산 마르틴이다. 시몬 볼리바르는 유복한 가문 출신이었으나 어려서 고아가 되었으며 젊은 시절에 아내가 세상을 떠난 후 평생 독신으로 지내면서 독립과 결혼했다고 말하곤 했다. 볼리바르는 1819년 콜롬비아를, 1821년 베네수엘라를 해방시켰으며 "해방자"라는 칭호를 얻었다. 산 마르틴은 아르헨티나 장교 출신으로 칠레의 왕당파를 제압해야만 중남미의 독립이 가능하다는 결론을 내리고 4천 미터 이상의 험준한 안데스 산맥을 넘어 공격하기로 결정한다. 그는 1817년 5,400명의 병사를 거느리고 산맥을 넘어 차카부코 대승을 거두면서 칠레와 아르헨티나의 독립을 성취했다. 1821년에는 영국함대의 지원을 받아 리마에 입성하면서 페루의 독립을 선언했다.

독립의 두 영웅은 1822년, 에콰도르의 과야킬에서 회동했다. 그러나 독립 후의 중남미 통치형태에서 두 사람은 의견을 달리했다. 볼리바르는 공화제를, 마르틴은 강력한 정부를 가진 군주제를 선호한 것이다. 산 마르틴은 볼리바르에게 1인자의 자리를 주고 시골 농장으로 은퇴했으며 후에 프랑스로 망명한다. 볼리바르 역시 중남미 전체 대륙의 화해와 통합을 꾀하다가 결국 실패한 후 보고타를 떠나 47세의 나이로 세상을 떠난다. 라틴아메리카는 더욱 더 혼돈의 역사에 들어선다.

6 체게바라

한국인들에게 쿠바와 관련된 이미지는 두 가지가 있다. 살사 춤과 체 게바라이다. 얼마나 기묘한 아이러니인가. 한편으로는 영원한 혁명가 체게바라의 정신에 감동하고 다른 한편으로는 살사 리듬에 도취한다. 쿠바의 신비는 양립 불가능할 것 같은 이 두 요소, 즉 혁명과 예술이 조화로이 공존하고 있다는 점이다. 비록 피델 카스트로가 쿠바의 정체로서 마르크스레닌주의를 선언했으나 체 게바라는 결코 공산주의자가 아니었다. 영원한 혁명가이자 자유주의자였을 뿐이다. 때문에 그는 프랑스 68혁명의 상징이 되었고 모든 이의 가슴에 영원히 살게 된 것이다.

알베르토 코르다가 찍은 체 게바라

체 게바라의 본명은 에르네스토 게바라 델 라 세르나이고 1928년 아르헨티나에서 태어났다. 그는 의과대학을 졸업한 뒤 오토바이를 타고 중남미 대륙을 가로지르는 여행을 떠나는데 여기서 민중들의 빈곤과 척박한 삶 그리고 사회의 부정과 불의를 목격하게 된다. 이 여행을 통해 그는 사회경제적 불평등이 혁명을 통해서만 해결될 수 있다는 신념을 품게 되었다. 1956년 체 게바라는 멕시코에서 피델 카스트로와 운명적인 만남을 가지게 된다. 당시 카스트로는 1953년 7월 26일 아바나에서 시도한 무력 봉기에 실패하고 투옥되어 있다가 사면을 받아 멕시코에 건너와 망명 생활을 하면서 또 다시 군사 봉기를 준비하고 있던 참이었다.

카스트로는 체 게바라를 비롯한 대원들과 배를 타고 쿠바로 잠입해 시에라 마에스트라 산맥을 거점으로 게릴라 활동을 펼치며, 결국 1959년 바티스타 정권을 전복시키고 권력을 잡는데 성공한다. 안정된 미래와 권력이 보장된 체 게바라는 혁명 이후 중앙은행 총재 등의 역할을 수행하다가 모든 권리를 포기하고 1965년 돌연 쿠바를 떠나 콩고로 향한다. 다시금 혁명의 일선 대열에 서기 위해서였다. 그는 콩고를 거쳐 볼리비아로 가서 반정부 게릴라 활동을 하다가 1967년 10월 볼리비아 정부군에 체포되었으며 다음날 총살당한다. 체 게바라가 세상을 떠난 지 30년 후인 1997년 총살당한 후 매장되었던 장소에서 체 게바라의 유골이 수습되었고 엄숙한 의식을 거쳐 쿠바의 산타클라라에서 영면하게 되었다. 산타클라라는 혁명 당시 체 게바라가 정부군에 대해 결정적인 승리를 거두었던 도시이다.

만 39세의 나이에 세상을 떠난 체 게바라는 이후 신화가 되고 숭배의 대상까지 되었다. 그의 얼굴을 담은 티셔츠, 포스터, 머그잔, 야구모자 등이 지금도 불티나게 팔리고 있다. 특히 알베르토 코르다가 찍은 체 게바라의 유명한 사진은 전 세계로 퍼져나갔는데, 메릴랜드 예술대학은 이 사진을 "세계에서 가장 유명한 사진이며 20세기의 상징"이라고 말했다. 또한 "우리 모두 리얼리스트가 되자. 그러나 가슴속에 불가능한 꿈을 가지자"라는 그의 말은 전 세계 젊은이들의 가슴을 뛰게 하고 있다.

7 마르꼬스 부사령관

1910년의 멕시코 혁명은 미국의 힘을 등에 업고 장기 독재를 자행해 온 포르피리오 디아스 정권에 대한 봉기로서, 흔히 혁명의 세기라고 불려지는 20세기를 개막하는 사건이었다. 20세기가 저물어가던 1994년 멕시코는

또 다시 혁명의 무대가 된다. 북미자유무역협정(NAFTA)을 통해 멕시코를 세계 자본주의 체제에 종속시키려는 신자유주의 정책에 대항하여 치아파스 지방의 농민들이 봉기한 것이다. 이들은 멕시코 혁명에서 농민을 대변해 싸웠던 에밀리아노 사파타(1883-1919)의 정신을 계승하여 〈사파티스타 민족해방군(EZLN)〉이라 자칭하고 나섰는데, 그 중심에는 스키마스크를 쓰고 나타나 신비감을 자아내는 사나이 마르코스가 있다. 전 세계 사람들은 스키마스크를 쓰고 반란을 지휘하고 있는 마르코스라는 지도자를 주목하였다. 제2의 사파타, 혹은 제2의 체 게바라로 불리어지는 마르코스는 모든 것이 베일에 싸인 인물이었으나 정부의 끈질긴 추적 끝에 중산층 가정에서 태어난 40대 초반의 남자로서 멕시코 국립자치대학교를 졸업하고 프랑스 소르본 대학에서 공부한 인텔리로 밝혀졌다.

마르코스 부사령관의 행진 모습

EZLN의 혁명은 70여 년간 지속되었던 제도혁명당(PRI)의 일당독재와, 멕시코를 세계 자본주의 체제에 종속시키려는 신자유주의의 음모에 대항하려는 것이다. 풍부한 천연자원을 가지고 있음에도 불구하고 치아파스는 멕시코에서 가장 가난하고 소외된 지방인데 이는 멕시코, 더 나아가 중남미 전역의 정치, 경제적 모순을 집약해 보여주는 것이다. 따라서 EZLN의 투쟁은 500여 년간 지속된 소수 지배층에 대한 대다수 민중의 저항의 연속선상에 있다고 보아야 할 것이다. 마르코스는 휴대용 컴퓨터의 인터넷를 통해 전 세계에 지지를 호소함으로써 첨단 정보화 시대에 걸맞는 사이버 전쟁을 수행한다는 점에서 큰 관심을 끌었다. 민주주의, 자유, 정의를 최고의 가치로 내세우는 마르코스와 EZLN의 사상적 성향은 개방적 민족주의와 소외된 가치들의 복구로 나누어 설명할 수 있다. 마르코스는 혁명가이자 사상가일 뿐만 아니라 동화 작가로서 노벨상 수상작가 주제 사라마구를 비롯한 세계적인 작가 · 지식인들과 교류하기도 한다.

마르코스는 2005년 정치조직인 민족해방전선의 해체를 선언하고 시민단체로 새롭게 태어난다고 밝혔으며, 2006년 1월 1일부터는 멕시코 전역을 순회하면서 멕시코의 문제에 대한 토론과 소통을 통해 아래로부터 제도정치와 신자유주의에 대한 반자본주의적 대안을 도출하려 시도하기도 했다.

8 마야 문명의 심장, 티칼

마야 문명은 시기적으로 서기 4세기 초에서 10세기 초에 해당하는 구 마야제국과, 10세기에서 14세기에 해당하는 신 마야제국으로 구분된다. 구 마야제국은 오늘날 온두라스와 과테말라 고원지역에 위치했으며, 신 마야제국은 유카탄 지역을 근거지로 발전하나 스페인이 침략할 당시에는 이미 쇠퇴기에 접어들었다. 구 마야제국 시대를 흔히 마야의 고전 시대라 불리는데 이 때 마야 문명 고유의 예술을 창조한다. 과테말라 북부 페텐 지방의 밀림 속에 남아 있는 총면적 평방 16km의 도시 유적인 티칼은 멕시코의 치첸 이짜와 함께 마야의 대표적인 유적지로 꼽히는 곳으로서 250년에서 900년까지 고전기 마야 문명과 함께 번성했다. 10세기에 들어서 약 4만 명에 이르던 주민들이 도시를 버리고 떠난 이유는 아직도 수수께끼로 남아있다. 신관의 횡포와 이에 대한 저항, 환경 부적응, 화전농법, 북쪽 아스텍 문명의 침입 등 다양한 견해만이 있을 뿐이다.

티칼에는 약 3,000개의 크고 작은 건축물들이 밀림 속의 섬처럼 존재한다. 특히 눈을 끄는 것은 마천루를 연상시키는 계단식 피라미드의 신전들이다. 마야 문명에서 건축은 종합예술로서 특별한 의미를 가지고 있었다. 왜냐하면 그들에게 불후의 건축을 하는 것은 곧 종교행위였기 때문이다. 그들은 신관의 격려를 받으며 다양하고 장대한 석조

티칼 유적지에 흩어져 있는 신전

도시를 건설해 신에게 바쳤다. 마야의 건축물의 형태는 크게 보아 피라미드 등의 신전과 왕궁 그리고 경기장이 주축을 이루고 이밖에도 무덤, 제단, 비석, 침실, 목욕탕 등 다양한 용도와 크기의 건축물이 있다. 특히 티칼국립공원의 제4호 피라미드 신전 정상에 오르면 사방으로 펼쳐진 광대한 열대림이 한눈에 들어온다. 높이가 72m나 되는 이 신전은 콜럼버스가 아메리카 대륙에 도착하기 전까지 이 대륙에서 가장 높은 건축물이었다고 한다. 이밖에도 이곳에서는 마야의 상형문자 체계와 복잡한 시간계산법이 등장했고, 기념물 조각과 토기 그림에서 볼 수 있듯이 화려한 예술을 꽃피웠다. 티칼은 1931년 국가기념물로 지정되었고, 1955년 국립공원이 되었으며 1979년에는 유네스코의 인류문화유산으로 선정되었다.

9 멕시코 평원의 도시문명, 테오티우아칸

테오티우아칸은 부족국가에서 도시국가 형태로 전환되는 시기에 건설된 아메리카 최초의 본격적인 도시문명이다. 텍스코코 호수 북서쪽, 현 멕시코시티에서 북쪽으로 50km 지점에 위치하고 있었으며 기원 후 3세기에서 6세기까지 전성기를 이루었다. 이 유적지는 해와 달의 피라미드, 그리고 케살코아틀 신전을 중심으로 구획된 웅장한 도시국가의 모습을 보여준다. 6세기말에 전성기를 맞은 테오티우아칸은 12만 평방km에 5만 여명의 주민이 1000여 개의 공동주택에 살았으며 600개의 크고 작은 피라미드와 신전들이 있었다. 이 도시의 중심대로는 "사자(死者)의 길"로서 폭 45m에 길이가 4km에 달하며 거리를 따라 옆으로 낮은 건축물이 줄지어 있다. 사자의 거리 북쪽에는 '달의 광장'과 '달의 피라미드'가, 동쪽에는 '태양의 피라미드'가 위치하고 있으며 남쪽에 '케살코아틀 신전'이 있다.

달의 신전에서 내려다 본 사자의 길과 태양의 신전(좌측)

태양의 피라미드는 건축과 조각에 뛰어난 재능을 보인 고대 아메리카인들의 예술에 대한 개념과 건축설계 기술이 전형적으로 드러난 것이다. 평평한 피라미드 정상은 높이가 66m이고 올라가는 계단은 45도로 경사져 있으며 피라미드 밑변은 220 × 230m로 정사각형에 가깝다. 피라미드의 전체 크기는 백만 입방미터에 달한다. 피라미드의 서쪽에는 4각형의 단이 6도의 경사각으로 피라미드 밑 부분에 돌출되어 있는데 이 방향은 북위 10도 7시의 일몰 위치를 보이고 있다. 이 방위각은 태양의 회귀선으로서 하짓날 태양이 정확히 태양의 피라미드 정면을 비추도록 설계되어 있음을 알 수 있다. 즉 자연과 문명이 조화를 이루며 서로를 축복하고 있는 것이다. 이 태양의 신전은 끝없는 높이와 무한한 공간으로 환상을 자아내게 한다. '달의 피라미드'는 태양의 피라미드에 비해 작은 규모이며 '케살코아틀 신전'은 거대한 뱀의 두상이 비의 신인 '틀랄록'과 번갈아 가며 장식되어 있다.

성스러운 도시의 도면은 무한한 높이와 대지의 광활함이 조화를 이루도록 설계가 되었다. 테오티우아칸은 기원 후 700년경 이민족에 의해 멸망하지만 그 명성은 사라지지 않고 후대의 부족들에게 많은 영향을 준다. 특히 아스텍 부족은 이 도시를 "신들의 도시"라 불렀으며 귀족들과 신관들은 이곳으로 순례 여행을 하곤 하였다.

10 마추피추 : 잉카의 공중도시

공중도시 마추피추

잉카는 순수혈통을 유지하기 위해 형제, 자매간에 결혼하였으며 창조주인 비라코차나 태양신인 인티를 숭배했다. 잉카제국의 수도였던 쿠스코와 그 인근 지역의 고지, 즉 삭사우아만, 오얀타이탐보, 마추피추 등에 남아 있는 석조 건축물은 매우 뛰어난 기술을 보여주며 고대 그리스와 이집트의 정상급 건축물과 필적한다. 거대한 이 건물들은 회반죽을 전혀 사용하지 않고 다변형의 돌로 축조되었다. 가장 가까운 채석장이 무려 15-35km의 거리에 떨어져 있던 상황에서 이 거대한 돌덩이들을 어떻게 운송했는지 신비하기만 하다. 시공기술도 훌륭하여 페루에서 일어난 여러 차례의 지진에도 거의 피해를 입지 않았다. 특히 1950년에 발생하여 쿠스코를 덮친 대지진 때에는 식민지 시대에 스페인 사람들이 건설한 많은 건축물이 파괴되었으나 잉카의 건축물은 거의 피해를 입지 않았다.

여러 건축물 가운데에서도 제일 유명한 것은 14세기경에 건설된 것으로 알려진 돌로 만들어진 공중요새 '마추피추'이다. 1911년 미국의 상원의원이자 고고학 교수인 히람 빙햄에 의해 발견된 마추피추는 안데스 산맥의 해발 2,700m의 봉우리에 숨겨지고 우루밤바 강의 계곡에 의해 둘러싸인 요새 도시로서 잉카제국의 영광을 보여주는 살아있는 증거물이다. 여러 건축 스타일로 건설된 궁전, 사원, 요새, 가정집, 광장 등이 있으며 고산지대

임에도 불구하고 관개시설이 완비되어 있었다. 그러나 수도인 쿠스코로부터 113km 떨어진 이 도시가 과연 어떤 목적에 의해 건설되었는지에 대해서는 의견이 분분하다. 황제가 신과 직접 대면하기 위한 곳, 혹은 천문학적 관찰을 위한 곳이었다는 등의 설이 있다.

11 라틴아메리카 대륙의 어머니, 과달루페 성모

과달루페 성모

1531년 12월 9일, 동틀 녘에 인디오인 후안 디에고는 미사에 참례하기 위해 멕시코 시로 향하였다. 그런데 테페약 산에 이르렀을 때 갑자기 성모 마리아가 그에게 나타났다. 성모 마리아는 후안에게 멕시코 시의 주교에게 가서 그 자리에 "뱀을 무찌른 여인"이라는 뜻의 코아탈호페라는 이름으로 당신을 기념할 성당을 지으라는 말을 전하라고 명한 뒤 사라졌다. 그러나 후안 디에고가 그 말을 전하자 당시 멕시코의 후안 데 수마라가주교는 이를 믿지 않으면서 확실한 증거를 요구했다. 다음 주에 후안 디에고는 삼촌의 병세가 위독하여 산티아고 수도원에 사제를 청하러 가야만 했다. 그는 또 다시 마리아를 만나 귀찮은 일을 만들기가 싫어서 일부러 테페약 산을 피해 갔으나 성모 마리아는 다시 그에게 나타났다. 마리아는 후안에게 삼촌이 기적에 의해 완전히 치유될 것이라고 안심시키고 다시 한 번 주교에게 가서 말을 전하라 명하였다. 그리고 당신 발현의 증거로서 한 겨울에는 물론 멕시코에서 볼 수 없는 장미 한 다발을 후안의 품에 안겨주었다. 후안은 주교 앞에 나아가 마리아의 말씀을 전하며 가슴에 품고 있던 장미꽃들을 펼쳐 보였다. 이 순간 장미꽃들이 땅에 떨어지면서 주교는 후안의 옷자락에서 그가 묘사했던 성모 마리아의 모습이 새겨져 있는 것을 보았다. 성모의 발현을 인정한 교회는 마리아가 명한 성당을 짓기 시작했으며 과달루페의 성모라고 부르기 시작했다. 당시 성모의 모습이 새겨진 후안의 옷은 현재 과달루페 대성당 중앙 제단 위에 액자 안에 넣어져서 걸려있다.

스페인의 중남미 정복 초기에 일어난 이 사건은 이후 아메리카 대륙의 식민화와 복음화에 결정적인 역할을 하였다. 성모가 발현한 테페약 동산은 원래 아즈텍 부족의 토난친 여신을 경배하던 곳이어서 과달루페 성모는 그리스도와 원주민 토착신앙을 결합시키는 의미가 있었다. 토난친 여신은 아스텍 사람들이 풍년을 기원하며 제사를 드렸던 풍요의 여신이었고 또한 여타 신들의 분노를 풀어주는 어머니 같은 여신이었다. 이 때문에 오늘날에도 과달루페 성당을 찾아오는 많은 순례자들이 마리아를 가리켜 "과달루페-토난친"이라 함께 호칭하는 모습을 볼 수 있다. 한편 후안의 옷에 새겨진 성모가 메스티소였다는 점은 피부색과 종족의 갈등으로 분열된 식민지 사회를 통합하는 상징으로서 멕시코 인이라는 민족의식을 탄생시킨다. 즉 스페인에 맞서 싸운 독립혁명 와중에 민족의 수호 성녀 역할을 했던 과달루페 성모 신앙은 종교적 감정에서 출발해 자유와 독립 그리고 민족주의의 상징으로 승화된다.

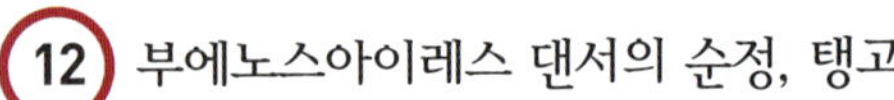

12 부에노스아이레스 댄서의 순정, 탱고

아르헨티나의 대표적인 대중음악인 탱고의 기본 리듬은 스페인의 카디스 탱고가 스페인의 사르수엘라와 함께 아르헨티나에 소개되어 크리오요에 의해 변형된 것이다. 그 후 쿠바의 대무 영향을 강하게 받는데 특히 쿠바의 춤곡인 아바네라가 탱고의 기본을 이룬다고 해도 과언이 아니다. 이 쿠바의 춤곡은 19세기 중엽 부에노스아이레스에 소개되는데 후에 아르헨티나 색채가 가미되어 밀롱가로 바뀌며 시간이 지남에 따라 캉돔베 의식의 리듬이 곁들어져 탱고가 되었다고 한다. 캉돔베는 축제 때 흑인들이 춤을 추면서 거리를 줄지어 걷는 가장행렬과 그 음악을 말한다. 1880년대 부에노스아이레스 외곽의 가난한 지역에서 구체적으로 형성된 탱고는 세기가 바뀌면서 풍부한 음악전통으로 발전하였다.

탱고 공연 포스터

라틴아메리카의 음악으로서는 최초로 세계적으로 알려진 탱고는 중심부가 아닌 변두리의 음악 장르도 보편성을 획득하며 대중사이에 호소력을 지닐 수 있다는 점을 말해주는 단적인 사례가 된다. 라틴계 민족성을 잘 드러내고 있는 탱고는 일반적으로 시원스러운 동작과 함께 정열적인 리듬으로 연주된다. 가사가 곁들어진 탱고 음악도 있는데 주로 프랑스의 샹송과 같이 이야기 형태를 띠고 있다. 가사 내용은 거리의 불량배와 가우초의 생활 그리고 젊은 연인들 사이의 실연을 노래한 것이다. 아르헨티나 작가인 호르헤 루이스 보르헤스는 탱고에서 아르헨티나인들의 정신세계를 읽어내고 있다. 탱고에 두드러지는 에로틱한 유희를 한 껍질 벗기면 아르헨티나인들의 가치관과 명예를 지켜내는 용감성이 깔려 있다고 주장하는 것이다.

탱고는 크게 보아 한편으로는 아프리카 · 아르헨티나의 혼합 전통과 다른 한편으로는 유럽 전통으로 나누어 볼 수 있다. 춤곡으로서 유럽에 소개된 탱고는 1913-14년에 선풍적인 인기를 얻어 사교댄스나 살롱뮤직에 적합한 세련된 형태를 띠는 콘티넨탈 탱고가 되었다. 한편 1910년대부터 1950년대까지 아르헨티나와 우루과이에서 잡고 있었던 탱고의 주도권은 점차 소멸된다. 특히 탱고는 1950년대에 국제적인 팝 음악뿐 아니라 아르헨티나에 등장한 신 음유시라 불리는 새로운 음악에 의해 도전을 받게 된다.

13 카리브의 화끈한 춤, 살사

살사라는 용어는 스페인어로 소금을 뜻하는 “sal”과 소스라는 뜻의 “salsa”에서 유래되어 1950-60년대에 뉴욕으로 이주한 쿠바인과 푸에르토리코인들이 발전시킨 리듬댄스이다. 스페인어로 원래 음식의 양념소스라는 이미지처럼 격렬하고 화끈하며 끈적한 블루스와는 달리 건전하고 율동감이 넘치는 춤이다. 마을축제나 파티에서 자유롭게 즐기고 가족끼리 일을 하다 잠시 쉬면서 추었을 만큼 대중적이고 공개적인 춤이다. 기본동작은

살사를 추는 남녀

남녀가 마주 서서 손을 잡고 밀고 당기는 기본스텝과 손을 엇갈려 잡은 후 복잡한 회전을 섞은 응용동작으로 구성된다.

살사는 크게 보아 금세기 중반의 쿠바의 쏜과 룸바가 합해진 것이라고 볼 수 있으며 1960년대부터 중남미에서, 그리고 미국에 있는 중남미 사람들 사이에서 특히 인기가 있었다. 살사 음악의 잘 알려진 스타로는 쿠바 태생의 여가수로서 1960년에 망명길에 나선 셀리아 크루스와 푸에르토리코 출신의 뉴욕 사람 윌리 콜론이 있다. "살사의 여왕"이라 불리는 크루스는 강하고 바이브레이션이 없는 콘트라알토(테너와 소프라노의 중간, 여성 최저음)의 목소리와 천부적인 재능을 가지고 있다.

음악적으로 살사는 끊임없이 변화했다. 그러나 살사라는 이름을 싫어했던 쿠바에서는 1959년 혁명 이후에 그 리듬의 변화를 거의 볼 수 없고 이라케레와 로스 반 반 같은 그룹은 후에 전자 악기를 혼합하는 형태로 발전하였다. 쿠바가 정치적 · 문화적으로 고립되자 보비 발렌틴, 루이스 뻬리코 오르티스 등 푸에리토리코 출신 음악가들이 살사 음악의 보급에 중추적 역할을 맡게 되었다. 현재 살사는 쿠바 정부가 문화산업의 차원에서 적극 장려하고 있으며 전 세계에서 해마다 많은 사람들이 이 춤을 배우기 위해 아바나를 찾고 있다. 여기에다가 리키 마르틴, 글로리아 에스테판 등 라틴 음악의 열풍을 타고 미국 내에서도 대단한 인기를 끌고 있다.

14 라틴아메리카의 김민기와 양희은, 누에바 칸시온 운동

비올레타 파라의
앨범 표지

최근 수십 년간 라틴 아메리카에서는 역동적인 사회현실을 표현한 혁명적인 음악이 확산되었다. 이러한 음악에서는 대중 투쟁에 대한 관심이 미적인 것보다 우선하여 이데올로기 없는 예술이 없다는 구호아래 예술과 정치를 단일화해 왔다. 평화를 위해 가곡을 만들고 공장의 노동자들에게 심포니 연주시를 바치는가 하면 파업중의 노동자들에게 혁명 행진가와 찬미가를 준비해 주었다. 또한 체 게바라와 같은 혁명가들의 넋을 기리기 위해 저항의 노래를 작곡하였다. 그들에게 음악은 소외된 인간을 구원하기 위한 수단이었기에 기타, 만돌린 또는 어떠한 종류의 대중악기도 투쟁의 수단이 되었다.

칠레의 민중가수로는 비올레타 파라와 피노체트의 쿠데타 때에 죽음을 당한 빅토르 하라의 저항가요가 있고 아르헨티나에서는 아타우알파 유팡키와 메르세데스 소사의 민중가요가 있었다. 특히 비올레타 파라와 아타우알파 유팡키는 1950년대에 태동해 1960년대에 본격화된 중남미의 "새로운 노래" 운동의 선구자로서 중남미의 대륙적 정서를 노래에 담으려 노력했다. 아르헨티나 출신의 유팡키는 화려한 기타연주 솜씨를 가지고 대평원의 카우보이, 가우초의 노래인 파야다에서 드러나는 목동들의 서정성을 보편적으로 승화시킨 음유시인이다.

칠레의 비올레타 파라 역시 유팡키와 마찬가지로 천재적인 음악성과 문학성을 동시에 갖춘 여류 음유시인으로서 젊은 시절에 칠레의 민속을 수

집하고 산티아고 대학의 박물관장을 맡는 등 아메리카의 문화전통에 깊은 관심을 가지고 있었다. 그녀는 채집한 민속음악을 바탕으로 자본주의의 상업성에 오염된 대중음악과 억압적인 정치현실에 저항하여 “새로운 노래”를 부르기 시작했다. 파라는 자신이 직접 작곡할 뿐만 아니라 직접 기타를 치고 노래도 했는데 이는 1960년대의 칠레와 중남미 저항문화의 정점을 의미하는 것이었다.

새로운 노래 운동에서 빼놓을 수 없는 것은 1960년대에 일어난 쿠바의 신 음유시 운동 이다. 쿠바의 신 음유시 바람은 유팡키와 파라의 음유시 운동에 절대적인 영향을 받았으며 동시에 1959년에 성공한 카스트로 혁명 정권의 지원을 받아 가능한 것이었다. 특히 1972년 쿠바 영화예술기구 내에 최신시설을 갖춘 음향실험소가 설립되어 음악가들이 모이기 시작했는데 이중 가장 뛰어난 2명의 음유시인이 바로 실비오 로드리게스와 파블로 밀라네스이다.

중남미에서 “새로운 노래”는 신선하고 역동적인 성격으로 인해 아르헨티나의 탱고와 마찬가지로 세계적으로 인정받는 높은 수준의 음악성을 과시하였다. 결론적으로 말해 20세기에 중남미에서 산출된 무용 음악이나 음유시 운동 등의 대중음악은 오늘날까지도 그 영향력을 잃지 않으면서 라틴아메리카의 놀라운 창조력을 일관되게 보여주고 있는 것이다.

15 혁명을 노래한 사랑의 시인, 파블로 네루다

1973년 노벨문학상을 수상하는 네루다는 시집 「스무 편의 사랑의 시와

하나의 절망의 노래」(1924)로 젊은 시절부터 시인으로서의 명성을 누린다. 이 시집은 중남미 최초로 밀리언셀러가 되었으며 특히 "나는 오늘밤 가장 슬픈 시를 쓸 수 있네"로 시작하는 20번째 사랑의 시는 오늘날에도 많은 사람들에게 애송되고 있다:

나는 오늘 밤, 이 세상에서 가장 슬픈 시를 쓸 수 있습니다.

예를 들어, 이렇게 쓰는 것이지요. '밤은 별들을 촘촘히 수놓았고,
푸른 별들은 저 멀리서 추위에 떨고 있습니다."

밤 바람은 하늘을 맴돌며 노래합니다.

나는 오늘 밤 이 세상에서 가장 슬픈 시를 쓸 수 있습니다.
나는 그녀를 사랑했고, 그녀도 때로는 나를 사랑했습니다.

오늘 같은 밤이면 나는 내 품에 그녀를 안고 있었습니다.
광활한 하늘 아래 그녀에게 수없이 입을 맞추었습니다.

그녀는 나를 사랑했고, 나도 때로는 그녀를 사랑했습니다.
나를 응시하는 그 큰 눈동자를 어찌 사랑하지 않을 수 있겠습니까.

나는 오늘 밤 이 세상에서 가장 슬픈 시를 쓸 수 있습니다.
나는 지금은 떠나버린 그녀를 생각합니다. 그녀를 잃어 버렸음을 느낍니다.

막막한 밤, 그녀가 없어 더욱 막막한 밤을 듣습니다.
그러면 이슬이 풀밭에 떨어지듯 시는 영혼 위에 내립니다.

내 사랑이 그녀를 지킬 수 없다 한들 무엇이 중요하겠습니까.
별들이 밤을 촘촘히 수놓았고 지금 그녀는 내 곁에 없습니다.

그게 전부입니다. 저 멀리서 누군가 노래를 부릅니다. 저 멀리서.
그녀를 잃어버린 나의 영혼은 결코 채워지지 않습니다.

그녀에게 가까이 가기라도 할 듯 내 눈길은 그녀를 찾습니다.
내 가슴은 그녀를 찾아 헤매건만, 그녀는 내 곁에 없습니다.

오늘 같은 밤이 같은 나무들을 하얗게 밝혔지만,
그 때의 우리들은 이미 오늘의 우리가 아닙니다.

이제 나는 그녀를 사랑하지 않습니다. 분명합니다.
그러나 그녀를 얼마나 사랑했던가요.
내 목소리는 그녀의 귀를 간지럽힐 바람을 찾곤 했지요.
그녀는 이제 다른 사람의 것이겠지요. 예전에 나의 키스를 받았듯이.
그녀의 목소리, 그녀의 맑은 육체, 그녀의 큰 눈동자.

이제 나는 그녀를 사랑하지 않습니다. 분명합니다.
하지만 혹시 그녀를 사랑하는지도 모릅니다.
사랑은 그토록 짧고, 망각은 그토록 길기만 합니다.

오늘 같은 밤 그녀를 내 품에 안고 있었기에,
그녀를 잃어버린 내 영혼은 결코 채워지지 않습니다.

비록 이것이 그녀가 내게 주는 마지막 고통이라 할지라도,
그리고 이것이 내가 그녀에게 쓰는 마지막 시가 될지라도 말입니다.

스페인내전은 네루다를 신비주의적 시인에서 정치적 시인으로 변모시켰다. 그의 대표작으로 꼽히는 『대찬가』(1950)는 신세계의 신화로부터 최근 역사에 이르기까지 다루는 대서사시이다. 이 시는 후반부의 「마추피추의 정상」에서 절정에 이르는데, 칠레 찬양, 권력으로 억압하고 군림하는 자들에 대한 거부를 읽을 수 있다. 다음 시는 『대찬가』 중에서 「아메리카, 나는 그냥 네 이름을 불러보는 것이 아니다」의 일부분이다:

네루다 탄생
100주년 포스터

아메리카, 나는 그냥 네 이름을 불러보는 것이 아니다.
내 심장에 칼을 붙잡아 맬 때,
내 영혼에 비가 새는 것을 참고 견딜 때,
창문을 통해
너의 새로운 하루가 나를 투과할 때,
나는 나를 만들어낸 빛이면서 그 안에 있고,
내 운명을 정하는 그늘에 살고 있고,
너의 본질적인 여명 안에서 잠들고 깨어난다.

16 라틴아메리카 정신의 표현, 디에고 리베라의 벽화

멕시코 혁명 이전까지 멕시코 화단은 서양 중심이었다. 그러나 혁명 이후 외국 영향을 배제하고 보다 멕시코적인 특징과 함께 대중에게 호소력

대통령궁에 있는 <멕시코 역사>

있는 그림을 그리려는 경향이 생긴다. 민중이 글을 읽고 쓸 수 없으므로 그들에게 쉽게 접근하는 방법으로 선택된 것이 벽화였다. 따라서 당시 멕시코 벽화는 이전까지 화단을 지배하던 유럽 모더니즘과의 단절을 의미하였고 혁명성, 계몽성, 대중성이라는 특징을 보여준다. 디에고 리베라(1886-1957)는 클레멘테 오로스코, 알파로 시케이로스와 함께 멕시코 벽화 화가 3인방에 속한다. 그는 또한 멕시코의 대표적인 초현실주의 화가이며 페미니즘 운동의 선구자로 잘 알려져 있는 프리다 칼로의 남편이기도 하다. 유럽 유학시절의 체험에다가 중남미 원주민과 농민에 관련된 주제를 가미하여 매우 토착적인 작품들을 창작해 냈다. 특히 그는 마르크스주의의 이념에 영향을 받은 서사적 리얼리즘 회화를 지향했다.

리베라는 멕시코 국립예비학교와 교육부 건물에 <5월 1일>과 <땅을 점유하는 가련한 농민들>이란 벽화를 그린다. 여기서 화가는 농촌, 광산촌, 그리고 여타 산업현장에서 능동적인 삶을 영위하는 민중들의 모습을 일관된 논리로 그려주고 있다. 그는 자본주의의 상징으로 성직주의와 군부독재를 상정하고 여기에 대항하는 세 축으로서 노동자, 농민, 병사들을 내세워 혁명의 이상을 고취하였다. 그 후 리베라는 멕시코시에서 가까운 차삥고에 있는 국립농업학교의 벽화를 그렸다. 그 벽화는 다양한 색채와 형상미로 사람을 사로잡았다. 가장 인상적인 장면은 종교적 제단화의 위치에 해당하는 정면 앞부분에 그려진 여인이다. 해방된 땅을 상징하는 이 누드는 물,

바람, 불의 자연요소들에 둘러싸여 한 손으로는 축복의 동작을 하고 다른 한 손으로는 꽃이 핀 화초를 들고 있는데, 이 풍요롭고 관능적인 여인은 전통적인 풍요 다산의 상징이다. 벽화 전체가 연한 톤으로 되어 있어 멕시코 고대문명을 연상하게 한다. 이후 리베라는 정부청사에도 벽화를 그린다. 벽화의 주인공들은 투쟁하는 인디오들과 노동자들이다. 미국에서도 그를 초청하여 샌프란시스코 증권거래소, 디트로이트 미술학교, 록펠러 센터 등에 벽화를 그리게 했는데, 특히 록펠러 센터에는 레닌의 초상화를 그려 넣는 바람에 작업을 중도하차해야 했다.

17 라틴아메리카의 음식문화

방대한 지역의 라틴아메리카는 지역마다 특징적인 주산물에 따라 음식문화도 다르게 나타난다. 멕시코와 중미에서는 옥수수가, 칠레 등의 해안지대에는 해산물이, 그리고 넓은 목초지를 가진 아르헨티나 등지에서는 육류를 많이 소비한다.

원래 아메리카 원주민 문화는 옥수수 문화라고 말할 수 정도로 옥수수와 밀접한 관련이 있다. 마야의 신화에 따르면 신이 인간을 만든 재료도 옥수수였다. 옥수수는 원주민들에게 필수적인 식량이 되었고 추운 지방에서 큰 양동이에 끓여 마시는 아똘레라는 음료수의 재료로도 쓰인다. 멕시코 음식의 기본은 옥수수 가루로 만든 한국의 전병 혹은 만두피라 할 수 있는 토르티야라고 할 수 있다. 예를 들어 소고기 타코는 옥수수 토르티야에 토마토와 상추, 고기를 싸서 먹는 것이다. 이 또르띠야를 기름에 가장자리만 튀겨서 그안에 콩, 상추, 양파, 잘게 부순 치즈를 넣고 위에 크림이나 소스를 뿌려 먹으면 소페가 된다. 케사디야는 또르띠야에 치즈를 기본적으로 넣는 음식이지만 그 외에 고기, 버섯, 호박꽃 등을 함께 넣기도 한다. 엔칠라다는 토르티야에 치

(시계방향으로)
1. 토르티야를 부치는 멕시코 여인
2. 타코 3. 케사디야 4. 파히타

즈와 고기를 넣어 말아서 그 위에 매운 고추소스나 멕시코 특유의 몰레소스를 얹어 먹는 음식이다. 토토포라고 하는 토르티야 조각을 과카몰레(아보카도 고추, 양파를 잘게 썰어 넣어 소금과 레몬즙으로 섞어 만든 일종의 소스)에 찍어 먹기도 하는데, 그 조각에 노란 치즈를 녹여 부어 먹는 것을 나초라고 한다. 또한 구운 쇠고기나 치킨을 볶은 양파나 신선한 샐러드와 함께 밀가루 토르티야에 싸먹는 요리로 파히타가 있다. 한편 멕시코와 중미 지역에서 많이 먹는 타말은 옥수수가루로 만들어진 일종의 파이로 닭고기나 돼지고기를 넣고 바나나 잎이나 옥수수 껍질로 싼 뒤 뜨거운 수증기로 찐 것이다. 이밖에 고구마, 감자, 콩 등도 아메리카 원주민들에게 주된 식량이 되어왔다.

라틴아메리카의 해안 지역에서는 해산물이 주요한 음식이다. 가장 흔한 것이 에스카베체인데 생선을 튀긴 다음 식초, 올리브유, 양파, 고추가루를 섞은 소스에 찍어 먹는 음식이다. 닭고기나 오리고기로 만들기도 한다. 해산물로는 게, 가재, 오징어, 굴, 조개 등이 흔하다. 한편 소가 많이 사육되는 아르헨티나와 우루과이에서는 소고기 요리가 발달하였고, 특히 아르헨티나의 비프스테이크인 파리야다가 유명하다. 이밖에 스페인에서 전래된 해산물, 닭 복음밥인 파에야도 있다. 중남미의 음식은 식민지 시절 같은 스페인의 통치를 받았던 필리핀에도 전해져서 비슷한 음식 문화를 가지게 되었다.

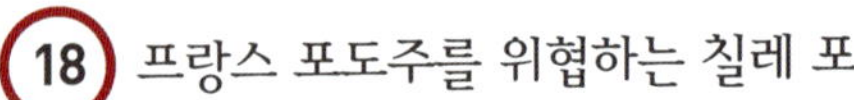

18 프랑스 포도주를 위협하는 칠레 포도주

칠레 포도주 시음장

칠레가 자랑하는 3W가 있다고 한다. 아름다운 여성(Women), 적당한 기후(Weather), 그리고 좋은 포도주(Wine)이다. 그만큼 포도주는 칠레가 세계적으로 자랑하고 싶은 특산품이며 더 나아가 중남미 전체에서 세계 시장에 내세울 수 있는 가장 경쟁력을 가진 상품이라 할 수 있다. 2004년 4월 한국과 칠레 사이에 자유무역협정(FTA)가 발효된 이후 칠레 포도주는 우리나라에도 더욱 친숙해지고 있다. 짧은 시간 내에 칠레산 포도주의 한국 시장 점유율이 3배 늘어났으며 현재 약 20% 정도를 칠레산 포도주가 점유하고 있다. 현재 칠레 포도주는 품질은 좋고 값은 저렴한 상품으로 인기를 얻고 있다.

칠레에 포도주가 생산되기 시작한 것은 스페인 사람들이 점령하면서부터이다. 최초의 생산자는 미사에 사용하기 위해 포도주를 만든 사제들이었다. 이후 이곳에서 재배된 포도나무가 우수하다고 알려지면서 호황을 맞이했으나 펠리페 2세와 나폴레옹의 금지령, 미국의 견제, 기술력 부재 등으로 고전을 겪다가 1980년대에 들어서 세계적인 포도주 회사에서 투자를 하면서 전성기를 맞이하게 되었다. 현재 칠레 포도주는 전 세계 85개국으로 수출되며 특히 1996년부터는 이탈리아와 프랑스에 이어 대미 포도주 수출 3위로 부상했다.

칠레 포도주가 세계적인 성공을 거둔 데에는 몇 가지 요인을 찾아볼 수 있는데 제일 먼저 들 수 있는 것이 칠레의 자연환경이다. 칠레는 남북의 길이가 6,000km에 이르는 긴 국가이지만 대부분의 포도주 생산업체는 수도인 산티아고와 반경 450km 내에 자리 잡고 있다. 이 지역은 위도 32도에서 38도에 걸쳐있는 중부 지역인데, 포도 농장은 물이 풍부하고 바람의 영향을 덜 받는 계곡에 주로 위치하고 있다. 여기서 포도 생산지는 센트랄, 마이포, 마울레 등 주로 6개의 계곡에 집중되어 있다. 이 지역은 4월에서 9월까지 겨울에는 눈과 서리가 거의 내리지 않아 온화하고, 여름엔 따가운 태양이 내리쪼이는 지중해성 기후지역이다. 특히 세계적인 포도주 산지와 마찬가지로 수확기 직전의 강한 햇살과 건조한 날씨 덕분에 포도의 당도가 매우 높다. 이밖에도 포도주 맛과 향기를 서구인의 입맛에 맞게 변화시킨 기술혁신, 우수한 품질에 비해 저렴한 가격, 1970년대 말에 불어닥친 포도주 대중화, 1980년내의 불경기 등이 복합적으로 작용하여 칠레 포도주의 인지도를 높였다고 할 수 있다. 이밖에도 살바도르 아옌데의 사회주의 정권 시절에 토지개혁을 실시해 자영농이 육성된 것도 중요한 성공 배경이 될 것이다.

19 축구 전쟁을 하는 라틴아메리카

스페인어권 국가의 스포츠 열기는 상상 이상으로 뜨겁다. 특히 이중에서도 축구는 단연 최고의 인기 종목으로 자리잡고 있다. 스페인과 중남미 국가들은 거의 대부분 프로축구 리그를 가지고 있다. 스페인 프로축구 리그는 1928년부터 시작되었으며 현재 이탈리아, 잉글랜드와 더불어 세계 3

대 축구 시장을 형성하고 있다. 스페인의 프리메라 리가가 세계에서 으뜸가는 축구 시장으로 성장할 수 있었던 것은 무엇보다도 국민들의 뜨거운 열기 덕분이다.

스페인의 축구 열기는 중남미에도 그대로 전해졌다. 1930년과 1950년 두 차례에 걸쳐 월드컵 우승을 했던 전통적인 강호 우루과이가 쇠퇴한 대신 스페인어권 중남미 축구의 최대 강국으로 떠오른 나라는 아르헨티나라고 할 수 있다. 아르헨티나는 마라도나라는 축구 신동의 등장 덕분에 1978년과 1998년 두 차례 월드컵을 품에 안았다. 그러나 근본적으로는 100년이 넘는 구단들의 역사와 체계적이고 과학적인 교육과 훈련이 오늘날의 아르헨티나 축구를 만들어 놓았다고 볼 수 있다. 아르헨티나 축구에서는 1부 리그의 최하위 2팀과 2부 리그의 최상위 2팀이 자리바꿈을 하게 함으로써 팀들간의 사활을 건 경쟁을 유도하여 관중들에게 재미를 주고 있다.

2007년 베네수엘라에서 개최한 코파 아메리카 포스터

2005년 코파 아메리카 우승팀, 브라질

중남미 사람들의 축구에 대한 열광은 축구 때문에 발생하였던 축구전쟁을 통해 단적으로 볼 수 있다. 이 전쟁은 1969년 촉발된 온두라스와 엘살바도르간의 전쟁으로서 월드컵 지역예선 도중의 불상사로 인해 발생하였으며 무려 3,000명이 죽고 1만 2,000여 명이 부상했으며 15만 명이 집을 잃었다. 이 전쟁은 사흘간 계속되다가 미주기구와 이웃 나라들의 중재로 7월18일 휴전에 들어갔는데 온두라스는 결국 축구에도 지고 전쟁에도 지고 말았다. 중남미에서의 축구 열기를 보여주는 또 하나의 실례는 1994년 미국 월드컵에서 자살골을 넣었다는 이유로 살해당한 에스코바르의 경우에서도 잘 볼 수 있다.

역대 18번의 월드컵 성적에서도 중남미는 유럽과 각각 9번씩의 우승컵을 똑같이 나눠가지고 있다. 특히 브라질은 모두 5번을 우승한 최다 우승국이고 나머지 2번을 각각 아르헨티나와 우루과이가 했다. 모든 대륙마다 챔피언십이 있듯이 남미에도 아메리카 컵이라는 대회가 있다. 1916년에 생겨 세계에서 가장 역사가 오랜 이 대회에는 남미 10개국과 초청된 2개국이 합해 모두 12개국이 참가하여 챔피언을 가린다. 2005년에는 브라질이 우승하였고, 2007년 베네수엘라 대회에는 북미의 강호 멕시코와 미국이 초청되었다.

20 외채는 중남미의 고질병인가?

한국에서 흔히 경제침체를 맞이할 때마다 나오는 단골 구호가 "중남미의 전철을 밟지 말자"일 정도로 중남미는 경제침체와 외환위기의 단골손님으로 인식되어 있다. 실제로 중남미는 1980년대를 맞아 심각한 외환위기를 경험한다. 1970년대 초 석유파동을 계기로 고유가 시대를 맞아 막대한 외화를 벌어들인 산유국들은 오일 달러를 주체하지 못하고 서구 여러 은행에 예치시킨다. 그러나 자국 내에서 경제침체로 인해 달러가 소화되지 못하자 은행들은 중남미 국가들에게 저금리로 돈을 다투어 빌려주기 시작한다. 그러나 미처 돈을 갚을 능력이 없는 중남미 국가들은 원리금 상환을 위해 신규 외채에 의존하는 악순환에 빠지게 되었고 외채는 점점 불어나게 되었다. 그러다가 1970년대 말부터 1980년대 초까지 OECD국가들의 금융경색은 국제금리의 급상승을 불러왔고 이로 인해 중남미 외채 총액은 기하급수적으로 불어났으며, 외화도피 현상과 수출소득 감소까지 일어나게 되었다. 사태의 심각성을 깨달은 서구 은행들은 신규대출을 중단했고 중남미 여러 국가들은 거대한 외채를 갚을 길 없이 1982년 멕시코를 필두로 줄줄이 모라토리움(지불유예)을 선언하게 되는 것이다.

미국이 주도하는 FTAA에 대한 반대 만평

외환 위기의 소용돌이에 편승하여 1980년대에 접어들어 중남미에는 민주화 바람이 불어 닥친다. 이와 함께 1960-70년대를 지배했던 관료적 권

위주의 시대가 막을 내리고 민주주의 체제로 진입한다. 민주화된 중남미 정권들의 과제는 외환 위기의 극복이었는데, 이를 위해 그들은 1980년대 말에서 90년대 초까지 대부분 IMF가 제시하는 신자유주의 개혁을 받아들이게 된다. 개혁 덕분에 국가재정 안정, 경상수지 개선, 국가경쟁력 제고, 인플레 억제 등 중남미 경제의 기초 체력이 다져졌으나 중남미 사회의 전통적인 불평등 사회구조는 더욱 심화되게 되었다. 외채위기를 극복하는 과정에서 중남미 국가들은 신자유주의 개혁에 입각해 수출주도형 전략을 도모하였으며 이를 위해 새로운 시장을 확보해야 할 필요성을 절감한다. 이에 따라 한동안 침체되었던 역내경제통합 노력이 활발해지고 있다. 1994년 미국, 캐나다, 멕시코 사이에 북미자유무역지대(NAFTA)가 결성되었고, 1995년에는 남미공동시장(MERCOSUR)이, 2004년에 들어서서는 중미 5개국이 미국과 중미자유무역협정(CAFTA)이, MERCOSUR와 안데스공동체(ANCOM) 5개국의 FTA가 출범했으며 미국 주도로 남북 아메리카 전체를 통합하는 미주자유무역지대(FTAA)가 추진 중이다. 2000년대에 들어와 중남미에는 브라질, 아르헨티나, 베네수엘라, 칠레, 볼리비아, 에콰도르, 니카라과 등 많은 나라에 좌파 정권이 들어서면서 전 세계의 주목을 끌고 있다. 그러나 이들 대부분 국가는 세계 경제에서 살아남기 위한 신자유주의적 경제개혁을 추진하는 실용주의 좌파라는 측면에서 세계경제로의 통합은 더욱 가속화될 것으로 전망된다. 33개국으로 이루어져 있으며 실질 구매력 기준으로 전 세계의 10%에 달하는 중남미 시장은 이제 과거의 시행착오에서 벗어나 꾸준한 성장을 이룩하고 있다고 말할 수 있을 것이다.

21 대한민국에 매력적인 라틴아메리카 시장

2005년 한국에서 열린 APEC 정상회담 모습

라틴아메리카와 대한민국이 구체적인 관계를 맺게 된 것은 1905년 멕시코에 1천여 명의 한국인 계약노동자들이 첫 발을 내디디면서이다. 이들 노동자들은 계약 후에 대부분 한인 공동체를 이루면서 멕시코와 쿠바에 정착하였다. 그러나 대한민국 정부수립 이후의 정식 이민은 1962년 해외이민법이 제정되면서 농업이민단이 대거 이주한 것이 시작이었다. 1980년대에 들어서는 투자이민이 뒤를 이었다. 그러나 1990년대 이후, 한국 경제가 급속한 발전을 이룩한 반면, 중남미 경제는 IMF 등 고질적인 위기를 겪으며 침체와 몰락 상태를 면하지 못하는 가운데 외화벌이를 위한 한인들의 중남미 이주는 사실상 중단되었다고 볼 수 있다.

그러나 미국, 캐나다, 멕시코를 엮는 NAFTA의 결성(1994), 한국과 칠레의 FTA 체결(2004), 세계최대의 자유무역지대를 형성할 아메리카 자유무역협정(FTAA)의 출범 예정 등으로 중남미는 한국에게 긴요한 자원 조달 대륙이자 매력적인 시장으로 다가오고 있다. 라틴아메리카가 우리에게 가지는 의미는 크게 정치적 의미와 경제적 의미로 나눠 볼 수 있다.

첫째, 정치적으로 볼 때 전통적 협력 파트너로서 중남미 국가들은 냉전시대에 한반도 문제와 관련해 한국의 입장을 적극 지지했고, 유엔 등 주요 국제무대에서 활발한 협력관계를 맺었다. 앞으로도 33개국에 달하는 중남미 국가들은 국제무대에서 우리의 지지기반으로 중요하게 부각될 것이다. 그러나 탈냉전 시대로 접어들면서 이들 국가들의 의미는 올림픽 등 각종 국제대회 유치에 도움을 주는 문화적 민간외교에서 더욱 중요하게 부각되고 있다.

둘째, 경제적으로 잠재력이 큰 중남미는 매년 200억 달러 이상의 한국 상품을 수입하는 소비시장으로서 그 규모는 우리나라 총 수출의 10%에 달한다. 한편 중남미는 우리의 주요 자원 공급지역이기도 하다. 현재 한국은 미국, 일본, 독일, 프랑스, 중국에 이어 중남미의 6번째 교역국이다. 한 · 칠레 FTA 체결 이후 계속해서 중남미 거점 확산의 핵심 사업인 한국-멕시코, 한국-MERCOSUR의 FTA 체결 또한 활발하게 추진되고 있다. 한편 2004년 11월에는 한국이 IDB(미주개발은행)에 가입하는 성과를 올림으로써 에너지, 항만, 주택건설, 고속도로 등 사회간접자본 프로젝트의 참여, 일반상품 수출 증가, 그리고 설비와 기계류, 통신, 전력 장비 등 자본재 수출 확대에 획기적인 전기를 마련했다.

다행히 중남미 여러 나라는 외교정책에서 태평양 연안국과의 협력을 중시하고 있다. 멕시코, 칠레, 페루가 APEC에 가입하고 FEALAC(동아시아 · 라틴아메리카 협력포럼)을 출범하여 동아시아-중남미간 관계가 긴밀해지고 있어, 우리의 대중남미 외교의 중요성도 증가하고 있다. 중남미에서 APEC 회원국으로는 멕시코, 페루, 칠레가 있고, FEALAC에는 한 · 중 · 일 · 아세안 등 아시아 15개국과 멕시코, 브라질, 칠레 등 중남미 15개국이 참여하고 있다.

 22 라틴아메리카로 떠나자

리오 데 자네이로의 삼바 축제

중남미는 우리나라와는 지구 정반대편의 대륙이며 직항로도 없기 때문에 여행하기에 가장 많은 시간을 요한다. 라틴아메리카 여행 항공루트는 미국, 유럽 혹은 오세아니아 국가에서 비행기를 갈아타야 하는데, 현재 80% 이상은 미국을 경유하고 있다. 따라서 미국을 경유하려면 미국공항 입국법에 따라서 단순한 환승 손님이라 하더라도 반드시 미국 비자를 발급받아야 하고 처음 도착하는 미국 공항에서 입국 수속을 밟아야 한다.

중남미에는 아스텍, 마야, 잉카 등 아메리카 고대문명의 숨결이 살아있을 뿐만 아니라 브라질 아마존의 열대우림지역에서 에콰도르의 갈라파고스, 칠레의 사막지대, 이구아수 폭포, 아메리카 최남단의 남극까지 모든 종류의 자연환경을 볼 수 있다. 또한 살사, 탱고, 축구, 칠레 포도주 등 특화된 주제에 따른 테마 여행을 즐길 수도 있다. 중남미 지역이 광대한 만큼 준비해야 할 것도 많다. 항공편이 시원시원하게 연결되지 않아 비행기 여행에 녹초가 되기 쉽고 내륙에서도 역시 교통시설이 낙후되어 있어 예상치 못한 상황에 처할 수도 있다. 따라서 중남미 여행을 하기 위해 제일 먼저 준비할 것은 현지에 대한 공부가 될 것이다. 현지 역사와 문화에 대한 이해도가 높을수록 여행의 보람이 커질 것이며 자신이 갈 곳들을 연결할 효

과적인 항공루트와 숙식 계획 등을 치밀하게 짜야 한다. 특히 대부분이 스페인어 사용국이고, 포르투갈어를 사용하는 브라질에서도 스페인어가 대체로 통한다는 점을 볼 때, 꼭 필요한 기본적인 소통이 가능할 정도의 스페인어를 미리 공부해 두는 것이 매우 유용할 것이다. 이밖에 기본적인 상비약, 수시로 변화하는 날씨에 대비한 복장, 현지화폐 등을 준비해야 한다. 또한 정세가 불안한 나라들이 있으므로 여행 중에는 소지품에 주의하고 언행에 각별한 신경을 써야 한다. 그러나 대부분의 중남미 사람들은 친절하고 온화하기 짝이 없는 사람이다. 이들과 진심으로 통하고 서로에 대한 배려와 이해를 높여 나가면 당신은 진정한 친구들도 만들고 라틴아메리카의 매력에 푹 빠져들 수 있을 것이다.

중남미 여러 나라별로 입국 조건을 살펴보면, 먼저 여권 유효기간이 6개월 이상이고, 90일간 비자 없이 체류가능한 나라로는 콜롬비아, 파나마, 에콰도르, 코스타리카, 멕시코, 페루, 아르헨티나 등이 있고, 유효기간 6개월 이상이고 30일간 비자 없이 체류가 가능한 나라로는 칠레, 브라질, 베네수엘라가 있다. 쿠바, 우루과이, 파라과이는 유효기간이 6개월 이상이고 별도의 관광비자가 필요하다. 쿠바의 관광비자는 멕시코 공항에서 별도의 금액을 지불하고 얻을 수 있다. 한편 과테말라는 체류기간까지 유효한 여권에 90일간 비자 없이 체류가 가능하다.

Unidad 1.

안녕, 잘 가요

"알아둡시다"

인사하기

스페인어에서는 상대방을 지칭하는 2인칭 대명사로 일반적으로 가까운 사이에 사용되는 'tú'의 형태와 초면이거나 먼 사이에 사용되는 'usted'의 형태가 사용된다. 이것을 구별하기 위해 우리말에서는 편의상 'tú'는 '너'로, 'usted'은 '당신'으로 번역하지만 이것은 반말과 존대말의 개념이 아니라 상대방과의 거리감에 의해 구분된다. 'Tú'의 복수형은 'vosotros'이고 'usted'의 복수형은 'ustedes'이다. 'Usted'과 'ustedes'는 2인칭이지만 3인칭 동사형태와 함께 사용된다. 다시 설명하자면, 'tú'와 'vosotros'는 가족 사이, 친구 사이 등 가까운 사이에 쓰이는 반면 'usted'과 'ustedes'는 공식적인 자리 또는 처음 보는 사이 등 상대방과 거리감이 있음을 나타낼 때 쓰인다. 그러나 젊은이들 사이에서는 초면에도 'tú'를 사용한다. 중남미에서는 'tú'의 복수를 지칭하는 경우에 'vosotros'대신 'ustedes'를 사용한다. 굳이 인칭을 명시하지 않은 인사의 경우는 두 가지 경우에 모두 사용된다.

안녕?

¡Hola!
올라

☑ 발음표기에서 붉은색 부분은 악센트를 주어 강하게 읽는다.

¿Cómo estás? (가까운 사이)
꼬모 에스따스

¿Cómo está usted? (먼 사이)
꼬모 에스따 우스뗍

¿Qué tal?
께 딸

¿Qué tal estás? (가까운 사이)
께 딸 에스따스

¿Qué tal está usted? (먼 사이)
께 딸 에스따 우스뗍

Buenos días. (아침인사)
부에노스 디아스

Buenas tardes. (낮인사)
부에나스 따르데스

Buenas noches. (저녁인사)
부에나스 노체스

☑ 친근한 사이에는 축약해서 Buenos, Buenas만 쓰이기도 한다.

¿Cómo estás? (가까운 사이)
꼬모 에스따스

¿Cómo está usted? (먼 사이)
꼬모 에스따 우스뗍

¿Qué tal?
께 딸

¿Qué tal estás? (가까운 사이)
께 딸 에스따스

¿Qué tal está usted? (먼 사이)
께 딸 에스따 우스뗍

어떻게 지내세요?

¿Cómo te va? (가까운 사이)
꼬모 떼 바

¿Cómo le va? (먼 사이)
꼬모 레 바

¿Qué tal te va? (가까운 사이)
께 딸 떼 바

¿Qué tal le va? (먼 사이)
께 딸 레 바

¿Qué te cuentas? (가까운 사이)
께 떼 꾸엔따스

무엇하고 지내셨어요?

¿Qué has hecho? (가까운 사이)
께 아스 에초

¿Qué ha hecho? (먼 사이)
께 아 에초

요즈음 어떻게 지냈어요?

¿Cómo le ha ido todo este tiempo? (먼 사이)
꼬모 레 아 이도 또도 에스떼 띠엠뽀

무슨 일 있어요?

¿Qué hay?
께 아이

모든 것이 어때요?

¿Cómo va todo?
꼬모 바 또도

모든 것이 잘 되지요?

¿Todo bien?
또도 비엔

일이 어때요?

¿Cómo van las cosas?
꼬모 반 라스 꼬사스

¿Cómo van las cosas contigo?
꼬모 반 라스 꼬사스 꼰띠고

사는 게 어때요?

¿Cómo te trata la vida? (가까운 사이)
꼬모 떼 뜨라따 라 비다

뭐해요?

¿Qué haces? (가까운 사이)
께 아쎄스

2 가족의 안부 묻기

가족은 안녕하세요?

¿Qué tal la familia?
께 딸 라 화밀리아

¿Cómo está la familia?
꼬모 에스따 라 화밀리아

그런데 가족은?

¿Y la familia?
이 라 화밀리아

모두들 안녕하세요?

¿Qué tal todos?
께 딸 또도스

3 작별하기

안녕.

Adiós.
아디오스

곧 다시 만나요.

Hasta luego.
아스따 루에고

Hasta otro día.
아스따 오뜨로 디아

Hasta la vista.
아스따 라 비스따

Hasta pronto.
아스따 쁘론또

내일 만나요.

Hasta mañana.
아스따 마냐나

좋은 하루 보내세요.

Que tengas buen día.
께 뗑가스 부엔 디아

잘 지내세요.

Que te vaya bien.
께 떼 바야 비엔

또 봅시다.

Nos vemos.
노스 베모스

건강 조심하세요.

Cuídate.
꾸이다떼

나중에 봅시다.

Te veo más tarde.
떼 베오 마스 따르데

연락해.

Mantente en contacto.
만뗀떼 엔 꼰딱또

4 예의의 표현

죄송합니다.

Perdona. (가까운 사이)
뻬르도나

Perdone. (먼 사이)
뻬르도네

폐를 끼쳐서 죄송합니다.

Siento haberte molestado. (가까운 사이)
시엔또 아베르떼 몰레스따도

Siento haberle molestado. (먼 사이)
시엔또 아베르레 몰레스따도

부탁합니다.

Por favor.
뽀르 화보르

좋아요.

Está bien.
에스따 비엔

다 됐어요?

¿Todo bien?
또도 비엔

걱정마세요.

No te preocupes. (가까운 사이)
노 떼 쁘레오꾸뻬스

No se preocupe. (먼 사이)
노 세 쁘레오꾸뻬

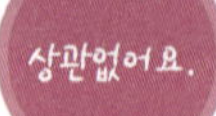

No importa.
노 임뽀르따

다시 한 번 반복해 주세요.

Favor de repetirlo.
화보르 데 레뻬띠를로

한 번 더 부탁드려요.

Otra vez, por favor.
오뜨라 베스 뽀르 화보르

참 친절하시군요.

Es usted muy amable.
에스 우스뗃 무이 아마블레

천만에요.

De nada.
데 나다

No hay de qué.
노 아이 데 께

행운을 빌어요.

¡Buena suerte!
부에나 수에르떼

의문사

무엇, 무슨

¿Qué?
께

☑ 의문대명사, 의문형용사로 사용되며 성, 수 변화를 하지 않는다.
의문문 맨 앞에 위치한다.

어느 것

¿Cuál?/¿Cuáles?
꾸알 꾸알레스

☑ 의문대명사로만 사용되며 성 변화는 없고 수 변화만 한다.

누구

¿Quién?/¿Quiénes?
끼엔 끼에네스

☑ 의문대명사로 쓰이며 성 변화는 하지 않고 수 변화만 한다.

얼마나, 몇 개

¿Cuánto?/¿Cuánta?/¿Cuántos?/¿Cuántas?
꾸안또 꾸안따 꾸안또스 꾸안따스

☑ 의문대명사와 의문형용사로 쓰이며 성, 수 변화를 한다.

어디

¿Dónde?
돈데

☑ 위치를 묻는 의문부사로 성,수 변화를 하지 않는다.
'어디로'라는 방향성이 있으면 ¿A dónde?라고 한다.

¿Cuándo?
꾸안도

☑ 시간을 묻는 의문부사로 성,수 변화를 하지 않는다.

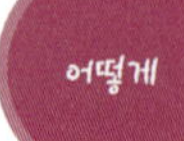

¿Cómo?
꼬모

☑ 상태나 방법을 묻는 의문부사로 성,수 변화를 하지 않는다.

¿Por qué?
뽀르 께

☑ 이유를 묻는 의문부사로 성,수 변화를 하지 않는다.
'..때문에'라고 대답할 때는 'porque'로서 의문사와 강세의 위치가 다르다.

¡Hola!

Unidad 1.

안녕, 잘 가요

"말해봅시다"

A: ¡Hola! ¿Qué tal?
올라 께 딸

B: Muy bien. Y tú, ¿cómo estás?
무이 비엔 이 뚜 꼬모 에스따스

A: Regular.
레굴라르

B: ¿Y la familia?
이 라 화밀리아

A: Estupendamente. ¿Y la tuya?
에스뚜뻰다멘떼 이 라 뚜야

B: Todos muy bien. Bueno, te dejo, que tengo mucha
또도스 무이 비엔 부에노 떼 데호 께 뗑고 무차

prisa. A ver si un día vamos a comer a algún lugar.
쁘리사 아 베르 시 운 디아 바모스 아 꼬메르 아 알군 루가르

A: Perfecto. Hasta otro día.
뻬르훽또 아스따 오뜨로 디아

B: Que te vaya muy bien.
께 떼 바야 무이 비엔

A: 안녕! 어떻게 지내니?
B: 아주 좋아. 너는 어떻게 지내니?
A: 그저 그래.
B: 그리고 가족은?
A: 잘 지내. 네 가족은?
B: 모두들 아주 좋아. 그래, 나 갈께, 아주 바빠. 언제 한번 밥이나 먹자.
A: 좋지. 다음에 봐.
B: 잘 가.

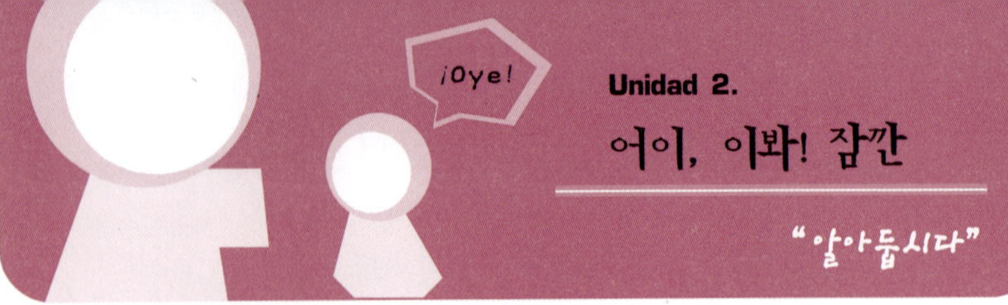

1 상대방을 부르거나 관심을 끌 때

여보세요.

Oye (일반적으로 상대방의 관심을 끌 때, 가까운 사이에 사용)
오예

Oiga (일반적으로 상대방의 관심을 끌 때, 먼 사이에 사용)
오이가

Mira (상대방에게 다가갈 때/ 주의를 환기시킬 때, 가까운 사이에 사용)
미라

Mire (상대방에게 다가갈 때/ 주의를 환기시킬 때, 먼 사이에 사용)
미레

들어 보세요.

Escucha (상대방의 관심을 확인할 때, 가까운 사이에 사용)
에스꾸차

Escuche (상대방의 관심을 확인할 때, 먼 사이에 사용)
에스꾸체

보세요.

Fíjate (상대방의 관심을 끌 때, 가까운 사이에 사용)
휘하떼

Fíjese (상대방의 관심을 끌 때, 먼 사이에 사용)
휘헤세

2 상대방을 부를 때

실례합니다.

Disculpa (가까운 사이)
디스꿀빠

Disculpe (먼 사이)
디스꿀뻬

Perdona (가까운 사이)
뻬르도나

Perdone (먼 사이)
뻬르도네

Perdón (가깝거나 먼 사이에 모두 다 사용)
뻬르돈

선생님

Señor (상대방이 남자인 경우) Sr.로 줄여쓴다.
세뇨르

Señora (상대방이 기혼여성인 경우) Sra.로 줄여쓴다.
세뇨라

Señorita (상대방이 미혼여성인 경우) Srita.로 줄여쓴다.
세뇨리따

¡Oye!

Unidad 2.

어이, 이봐! 잠깐

"말해봅시다"

01

A : ¿Sabes? Hoy es cumpleaños de Carmen y, ¡fíjate!,
사베스 오이 에스 꿈쁠레아뇨스 데 까르멘 이 휘하떼

no me quiere invitar.
노 메 끼에레 인비따르

B : No me extraña. Ella es así.
노 메 엑스뜨라냐 에야 에스 아시

A : 너 알고 있니? 오늘이 까르멘 생일이야, 그런데 나를 초대하지 않는구나.
B : 당연하지. 그 애는 원래 그래.

02

A : Mira, ese muchacho es el novio de Marisa.
미라 에세 무차초 에스 엘 노비오 데 마리사

B : Es guapísimo.
에스 구아피시모

A : 저기 봐, 저기 저 애가 마리사의 애인이야.
B : 너무 잘생겼다.

03

A : Oye, Carmen, ¿me puedes ayudar con la tarea?
오예 까르멘 메 뿌에데스 아유다르 꼰 라 따레아

B : Perdón, tengo que acabar este trabajo hasta mañana.
뻬르돈 뗑고 께 아까바르 에스떼 뜨라바호 아스따 마냐나

A : 얘, 까르멘, 내 숙제 좀 도와줄 수 있어?
B : 미안해. 나도 내일까지 이 일을 끝내야해.

04

A : ¡Señor! ¿Lo molesto con un vaso de agua?
세뇨르 로 몰레스또 꼰 운 바소 데 아구아

B : Se lo traigo ahora mismo.
세 로 뜨라이고 아오라 미스모

A : 선생님, 죄송하지만 물 한 잔만 갖다 주시겠어요?
B : 지금 가져다 드리지요.

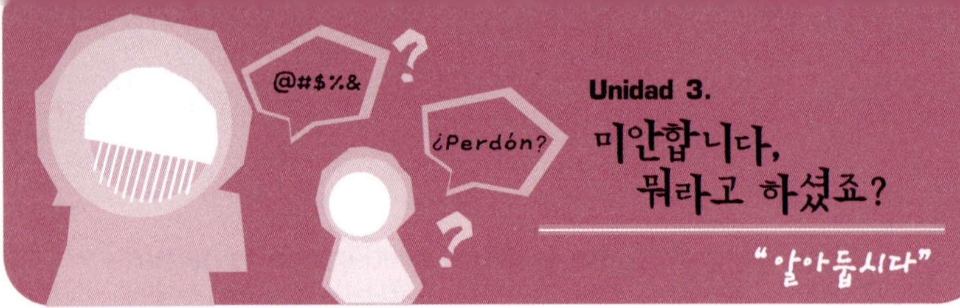

상대방의 말을 못 들었거나 한 번 더 듣고 싶을 때

뭐라고요?

¿Perdón? (가깝거나 먼 사이에 모두 다 사용)
빼르돈

¿Perdone usted? / Usted, ¿perdone?
빼르도네 우스뗀 우스뗀 빼르도네

죄송하지만 못 들었어요.

¿Me disculpas? (가까운 사이)
메 디스꿀빠스?

¿Me disculpa? (먼 사이)
메 디스꿀빠

죄송합니다.

Disculpa (가까운 사이)
디스꿀빠

Disculpe (먼 사이)
디스꿀뻬

최송하지만, 뭐라고 하셨지요?

Discúlpeme, ¿qué (me) estaba diciendo?
디스꿀뻬메 께 메 에스따바 디씨엔도

최송하지만 잘 못 알아 들었어요.

Perdón, no lo he captado.
뻬르돈 노 로 에 깝따도

Perdón, me he perdido.
뻬르돈 메 에 뻬르디도

제가 이해를 못했어요.

No lo estoy siguiendo.
노 로 에스또이 시기엔도

미안하지만 제가 이해하지 못하겠네요.

Me da pena pero no lo entiendo.
메 다 뻬나 뻬로 노 로 엔띠엔도

Lo siento pero no lo estoy siguiendo.
로 시엔또 뻬로 노 로 에스또이 시기엔도

Me perdona, me perdí.
메 뻬르도나 메 뻬르디

다시 말씀해 주시겠어요?

¿Podrías decírmelo de nuevo? (1) (가까운 사이)
뽀드리아스 데씨르멜로 데 누에보

¿Podría repetirlo de nuevo? (먼 사이)
뽀드리아 레뻬띠를로 데 누에보

¿Me podría repetir? (먼 사이)
메 뽀드리아 레뻬띠르

당신 말이 너무 빨라요.

Está usted hablando muy rápido para mí.
에스따 우스뗀 아블란도 무이 라삐도 빠라 미

좀 더 천천히 말씀해 주시겠어요?

¿Podría hablar más despacio, por favor?
뽀드리아 아블라르 마스 데스빠씨오 뽀르 화보르

좀 더 분명하고 크게 말씀해 주시겠어요?

¿Podría hablar más claro y fuerte?
뽀드리아 아블라르 마스 끌라로 이 후에르떼

미안합니다. 잘 들리지 않았어요. 좀 더 크게 말씀해주시겠습니까?

Lo siento, pero no lo puedo escuchar.
로 시엔또 뻬로 노 로 뿌에도 에스꾸차르

¿Podría hablar un poco más fuerte?
뽀드리아 아블라르 운 뽀꼬 마스 후에르떼

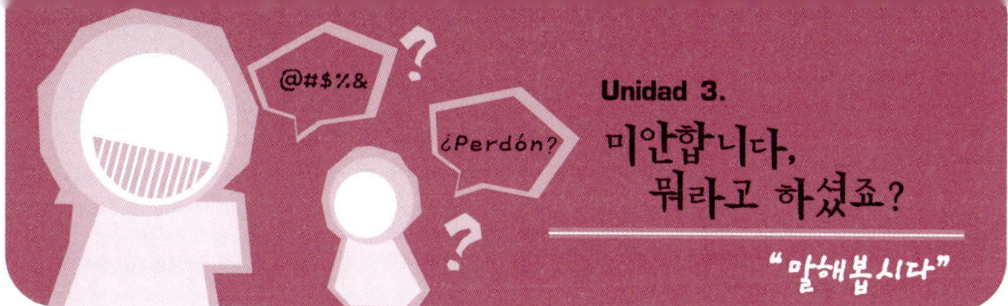

Unidad 3.
미안합니다, 뭐라고 하셨죠?
"말해봅시다"

01

A : ¿A qué hora sale el Talgo para Madrid?
아 께 오라 살레 엘 딸고 빠라 마드릳

¡Oye! ¿No me estás oyendo?
오예 노 메 에스따스 오옌도

B : Perdona, me perdí. ¿Podrías decírmelo de nuevo?
뻬르도나 메 뻬르디 뽀드리아스 데시르멜로 데 누에보

A : 마드리드행 기차가 몇 시지? 야, 너 내 말 안 듣잖아?
B : 미안, 못 들었어. 다시 말해줄래?

02

A : ¡Profesor! Por el ruido no se oye su voz.
쁘로훼소르 뽀르 엘 루이도 노 세 오예 수 보스

¿Podría hablar un poco más fuerte?
뽀드리아 아블라르 운 뽀꼬 마스 후에르떼

B : Por supuesto.
뽀르 수뿌에스또

A : 교수님! 소음 때문에 당신 목소리가 잘 안 들려요.
좀 더 크게 말씀해 주시겠습니까?
B : 물론이지요.

문법 한토막

(1) ¿Podrías decírmelo de nuevo?

스페인어 동사의 직설법 시제 중에 가능법시제는 과거에서 본 미래를 표현한다. 영어의 would, should +동사원형 또는 have+p.p.에 해당한다. 이러한 시제적인 용법이외에 정중하게 부탁을 할 때도 이 시제를 이용한다. ¿Puede hablar más fuerte? 보다는 ¿Podría hablar más fuerte?가 더 예의를 갖춘 표현이다.

Unidad 4.

공항에 있어요

"알아둡시다"

여행할 때의 표현

여권 좀 보여주세요.

El pasaporte, por favor.
엘 빠사뽀르떼 뽀르 화보르

함께 여행하시나요?

¿Viajan juntos?
비아한 훈또스

혼자 여행합니다.

Viajo solo. (남자인 경우)
비아호 솔로

Viajo sola. (여자인 경우)
비아호 솔라

내 남편/아내와 함께 여행합니다.

Viajo con mi esposo/esposa.
비아호 꼰 미 에스뽀소 / 에스뽀사

사업상 왔습니다.

Vengo de negocios
벵고 데 네고씨오스

휴가로 왔습니다.

Vengo de vacaciones.
벵고 데 바까씨오네스

마드리드의 당신 주소는 무엇입니까?

¿Cuál es su dirección en Madrid?
꾸알 에스 수 디렉씨온 엔 마드릳

여기 얼마나 계실건가요?

¿Cuánto tiempo va a estar aquí?
꾸안또 띠엠뽀 바 아 에스따르 아끼

돈은 얼마나 있으세요?

¿Cuánto dinero trae?
꾸안또 디네로 뜨라에

천 유로 있어요.

Tengo mil euros. (1)
뗑고 밀 에우로스

짐이 더 있습니까?

¿Tiene más equipaje?
띠에네 마스 에끼빠헤

신고할 물건이 있습니까?

¿Tiene algo de declarar?
띠에네 알고 데 데끌라라르

가방을 열어주세요.

Abra la maleta, por favor.
아브라 라 말레따 뽀르 화보르

이제 가방을 닫아도 됩니까?

¿Puedo cerrar la maleta ya?
뿌에도 쎄라르 라 말레따 야

이제 가도 됩니까?

¿Puedo pasar ya?
뿌에도 빠사르 야

¿Puedo irme?
뿌에도 이르메

안내소는 어디 있습니까?

¿Dónde está la oficina de información?
돈데 에스따 라 오휘씨나 데 인훠르마씨온

아저씨, 이 짐들을 택시로 옮겨주세요.

Señor, lléveme estas maletas a un taxi.
세뇨르 예베메 에스따스 말레따스 아 운 딱시

얼마예요?

¿Cuánto le debo?
꾸안또 레 데보

Unidad 4.

공항에 있어요

"말해봅시다"

A : ¡Hola, Mariano! ¿Qué tal?
올라 마리아노 께 딸

B : Muy bien. Y tú, ¿qué haces aquí?
무이 비엔 이 뚜 께 아쎄스 아끼

A : Estoy esperando a un cliente.
에스또이 에스뻬란도 아 운 끌리엔떼

B : ¿De dónde es? (2)
데 돈데 에스

A : Es estadounidense, de California.
에스 에스따도우니덴세 데 깔리훠르니아

B : ¿A qué hora aterriza su avión?
아 께 오라 아떼리사 수 아비온

A : A las ocho y media, espero. (3)
아 라스 오초 이 메디아 에스뻬로

B : Que te vaya muy bien.
께 떼 바야 무이 비엔

A : ¡Ya llega! Espera y te lo presento.
야 예가 에스뻬라 이 떼 로 쁘레센또

B : Está bien, me espero.
에스따 비엔 메 에스뻬로

A : 안녕, 마리아노. 잘 지냈어?
B : 잘 지내. 여기서 뭐해?
A : 고객을 기다리고 있어.
B : 어느 나라 사람이야?

A : 미국사람이야. 켈리포니아 사람.
B : 비행기 도착시간이 몇 시야?
A : 8시 반이야.
B : 그래, 잘 가. 아 도착했어. 기다려, 소개해 줄께.
A : 좋아. 기다릴게.

문법한토막

(1) tener, poder 동사표현

Poder는 뒤에 동사원형과 함께 '~을 할 수 있다'는 의미이고 이 때 poder 동사만 변화시키면 된다. Tener 동사는 명사와 함께 오면 '~을 가지다'라는 의미이고 'tener que + 동사원형'의 표현은 영어의 'have to + 동사원형'과 같이 '~을 해야만 한다' 라는 의미이다. 그 외에 tener hambre(배고프다), tener sed(목마르다), tener calor(덥다), tener frío(춥다) 등의 표현이 있다.

(2) Ser de + 나라, 지방, 도시이름이 오면 '~출신이다'라는 표현이다.

¿De dónde eres tú? 너는 어디 출신이니? (고향이 어디니?)
Soy de Corea.(=Soy coreano.) 한국사람이야.

(3) 시간을 표현할 때는 수사에 정관사를 붙여서 말한다.

¿Qué hora es? 몇 시니?
Es la una. 한 시야.(한 시는 단수이므로 la una이다.
두 시부터는 복수형으로 쓴다.)
Son las dos. 두 시야.
Son las doce. 열두 시야.

'몇 시에 ~?'라는 표현은 '¿A qué hora ~?'로 한다.
'몇 시에 ~'라는 시간을 나타낼 때는 시간 표현 앞에 전치사 a를 붙인다.
¿A qué hora llega María? 마리아는 몇 시에 도착해?
Llega a las cinco. 5시에 도착해.

Unidad 5.

상대방에 대해 궁금하네요

"알아둡시다"

평소에 뭐 하세요?

¿Qué hace habitualmente?
께 아쎄 아비뚜알멘떼

낮에 뭐 하세요?

¿Qué hace durante el día?
께 아쎄스 두란떼 엘 디아

무슨 일을 하세요?

¿A qué se dedica?
아 께 세 데디까

¿En qué trabajas? (가까운 사이)
엔 께 뜨라바하스

저는 변호사예요.

Soy abogado.
소이 아보가도

엔지니어로 일해요.

Trabajo de ingeniero.
뜨라바호 데 인헤니에로

기술자로 일해요.

Trabajo como mecánico.
뜨라바호 꼬모 메까니꼬

그 사람은 어때요?

¿Cómo es esa persona?
꼬모 에스 에사 뻬르소나

키가 크고 검은 머리예요.

Es alto y muy moreno.
에스 알또 이 무이 모레노

둥근 얼굴이에요.

Tiene la cara redonda.
띠네네 라 까라 레돈다

머리가 검고 생머리예요.

Tiene el pelo largo y liso.
띠에네 엘 뻴로 라르고 이 리소

그의 집은 어때요?

¿Cómo es su casa?
꼬모 에스 수 까사

바로크 스타일 집이예요.

Es una casa de estilo barroco.
에스 우나 까사 데 에스띨로 바로꼬

이 호텔에 묵으세요?

¿Reside en este hotel?
레시데 엔 에스떼 오텔

휴가는 잘 지내고 계신가요?

¿Está pasando bien las vacaciones?
에스따 빠산도 비엔 라스 바까씨오네스

휴가 간 지 얼마나 되었어요?

¿Cuánto tiempo hace que está de vacaciones?
꾸안또 띠엠뽀 아쎄 께 에스따 데 바까씨오네스

항상 여기로 오세요?

¿Viene siempre aquí?
비에네 시엠쁘레 아끼

우리와 함께 뭐 좀 드시겠어요?

¿Quiere tomar algo con nosotros?
끼에레 또마르 알고 꼰 노소뜨로스

뭘 원하세요?

¿Qué quiere?
께 끼에레

제가 지불하게 해주세요.

Por favor, insisto en que me deje pagar.
뽀르 화보르 인시스또 엔 께 메 데헤 빠가르

죄송해요. 스페인어를 잘 못해요.

Lo siento, pero no hablo bien el español.
로 시엔또 뻬로 노 아블로 비엔 엘 에스빠뇰

스페인 사람과 이야기하는 것은 즐거워요.

Es muy agradable hablar con una persona española.
에스 무이 아그라다블레 아블라르 꼰 우나 뻬르소나 에스빠뇰라

영국에 가보신 적 있으세요?

¿Ha estado en Inglaterra?
아 에스따도 엔 잉글라떼라

여기 살아요?

¿Vive aquí?
비베 아끼

저는 영어를 잘 못해요.

Mi inglés no es muy bueno.
미 잉글레스 노 에스 무이 부에노

Unidad 5.

상대방에 대해 궁금하네요

"말해봅시다"

A : Usted, ¿tiene hermanos?
우스뗃 띠에네 에르마노스

B : Por favor, háblame de tú. Sí, tengo una hermana.
뽀르 화보르 아블라메 데 뚜 시 뗑고 우나 에르마나

A : Bueno, ¿Cómo es ella? (1) ¿A qué se dedica?
부에노 꼬모 에스 에야 아 께 세 데디까

B : Es alta y rubia. Lleva el pelo corto y rizado.
에스 알따 이 루비아 예바 엘 뻴로 꼬르또 이 리사도

Tiene personalidad. Se dedica a la enseñanza
띠에네 뻬르소날리닫 세 데디까 아 라 엔세냔사

de idiomas.
데 이디오마스

Habla cinco idiomas; español, inglés, francés,
아블라 씽꼬 이디오마스 에스빠뇰 잉글레스 후란쎄스

italiano y portugués.
이딸리아노 이 뽀르뚜게스

Y tú, ¿tienes hermanos?
이 뚜 띠에네스 에르마노스

A : No, soy hija única. ¿En qué trabajan tus padres?
노 소이 이하 우니까 엔 께 뜨라바한 뚜스 빠드레스

B : Mi padre es profesor y mi madre trabaja como fotógrafa.
미 빠드레 에스 쁘로훼소르 이 미 마드레 뜨라바하 꼬모 훠또그라화

¿Vives sola o con tus padres?
비베스 솔라 오 꼰 뚜스 빠드레스

A : Sola. Mi casa es pequeña; tiene dos habitaciones,
솔라 미 까사 에스 뻬께냐 띠에네 도스 아비따씨오네스

comerdor, cocina y baño. Lo único malo es que
꼬메도르 꼬씨나 이 바뇨 로 우니꼬 말로 에스 께

está muy lejos de mi trabajo. Y ¿tú?
에스따 무이 레호스 데 미 뜨라바호 이 뚜

B : Yo vivo solo también. Mi barrio está cerca del centro,
요 비보 솔로 땀비엔 미 바리오 에스따 쎄르까 델 쎈뜨로

pero es muy tranquilo por las zonas verdes que
뻬로 에스 무이 뜨랑낄로 뽀르 라스 소나스 베르데스 께

lo rodean.
로 로데안

A : Te envidio.
떼 엔비디오

A : 당신은 형제가 있습니까?
B : 우리 말 놓자. 그래, 여동생이 있어.
A : 좋아. 여동생은 어때? 무슨 일을 해?
B : 그녀는 키가 크고 금발 이야. 짧은 퍼머 머리지.
개성이 강해. 언어를 가르쳐. 5개 국어를 하지.
스페인어, 영어, 불어, 이탈리아어, 포르투갈어를 해.
너는 형제가 있니?
A : 아니, 나는 외동딸이야. 네 부모님은 뭐하시니?
B : 내 아버지는 선생님이고 어머니는 사진사로 일하셔.
너는 혼자 사니 아니면 부모님과 함께 사니?
A : 나는 혼자 살아. 집은 작아. 방 두개와 식당, 부엌, 화장실이 있어.
내 직장에서 멀다는 것이 나쁜 점이야. 너는?
B : 나도 혼자 살아. 내가 사는 동네는 시내에서 가까워.
그래도 녹지로 둘러싸여 있어서 조용해.
A : 부럽구나.

문법한토막

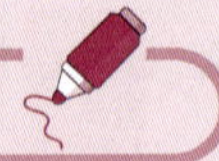

(1) ¿Cómo es ~?와 ¿Cómo está ~?의 차이

¿Cómo es ella?/¿Cómo está ella? 두 표현 모두 '그녀는 어때?'라고 번역될 수 있지만 전자는 그녀의 성격이나 외모 등 본래의 성질을 묻는 것이고 후자는 그녀의 상태를 묻는 것이다.

¿Cómo es la casa? 집이 어때?
Es bonita y grande. 예쁘고 커.
¿Cómo está la casa? 집이 어때?
Está limpia. 깨끗해.
Está sucia. 더러워.

Unidad 6.

도시를 구경하고 싶어요

"알아둡시다"

좋은 안내인을 어디서 만날 수 있나요?

¿Dónde puedo encontrar una buena guía?
돈데 뿌에도 엔꼰뜨라르 우나 부에나 기아

도시 관광이 있나요?

¿Hay una excursión de la ciudad?
아이 우나 엑스꾸르시온 데 라 씨우닫

안내자가 있는 그룹이 있나요?

¿Hay un grupo con guía?
아이 운 그루뽀 꼰 기아

혼자 한 바퀴 돌아봐도 되나요?

¿Puedo dar una vuelta sola?
뿌에도 다르 우나 부엘따 솔라

하루 관광 코스에 식사도 포함되어 있나요?

¿Está la comida incluida en la excursión para todo el día?
에스따 라 꼬미다 인끌루이다 엔 라 엑스꾸르시온 빠라 또도 엘 디아

입장료는 별도인가요?

¿Son extra las entradas?
손 엑스뜨라 라스 엔뜨라다스

안내자/버스 기사에게 수고료를 줘야하나요?

¿Debo dar una propina al guía/al conductor?
데보 다르 우나 쁘로삐나 알 기아/알 꼰둑또르

안내해 주는 기계를 빌릴 수 있나요?

¿Puedo alquilar un autoguía?
뿌에도 알낄라르 운 아우또기아

공짜예요?

¿Es gratis?
에스 그라띠스

이것이 중심도로 입니까?

¿Es ésta la calle principal?
에스 에스따 라 까예 쁘린씨빨

시청은 어디 있습니까?

¿Dónde ésta el ayuntamiento?
돈데 에스따 엘 아윤따미엔또

기념품 가게가 있습니까?

¿Hay un puesto de recuerdos?
아이 운 뿌에스또 데 레꾸에르도스

관광안내소가 어디 있는지 알려주실 수 있습니까?

¿Podría indicarme dónde está la oficina turística?
뽀드리아 인디까르메 돈데 에스따 라 오휘씨나 뚜리스띠까

세비야 거리로 들어서세요.

Tome la calle Segovia.
또메 라 까예 세고비아

볼리바르 거리로 도세요.

Gire por Bolívar.
히레 뽀르 볼리바르

계속 직진하세요.

Siga todo derecho.
시가 또도 데레초

첫 번째 거리에서 오른쪽으로 도세요.

Gira en la primera, a la derecha.
히라 엔 라 쁘리메라 아 라 데레차

극장들은 도시의 어느 지역에 있습니까?

¿En qué parte de la ciudad están los teatros?
엔 께 빠르떼 데 라 씨우닫 에스딴 로스 떼아뜨로스

거기에 버스로/지하철로/걸어서 갈 수 있나요?

¿Puedo ir allí en autobús/en metro/a pie?
뿌에도 이르 아이 엔 아우또부스 / 엔 메뜨로 / 아 삐에

가장 가까운 역/버스정류장/택시정류장이 어디 있습니까?

¿Dónde está la estación más cercana/la parada de autobús más cercana/la parada de taxi más cercana?
돈데 에스따 라 에스따씨온 마스 쎄르까나 / 라 빠라다 데 아우또부스 마스 쎄르까나 / 라 빠라다 데 딱시 마스 쎄르까나

이 근처에 시장이 있습니까?

Cerca de aquí, ¿hay un mercado?
쎄르까 데 아끼 아이 운 메르까도

상가가 멉니까?

¿Está lejos el centro comercial?
에스따 레호스 엘 센뜨로 꼬메르씨알

Unidad 6.

도시를 구경하고 싶어요

"말해봅시다"

A : ¿Dónde está la Catedral? ¿Está lejos? (1)
돈데 에스따 라 까떼드랄 에스따 레호스

B : No, está al tiro, en el Zócalo.
노 에스따 알 띠로 엘 엘 소깔로

A : ¿Y el Museo de Artes Modernas, por favor?
이 엘 무세오 데 아르떼스 모데르나스 뽀르 화보르

B : Toma la calle Segovia y gira en la segunda, a la
또마 라 까예 세고비아 이 히라 엔 라 세군다 아 라
izquierda. Sigue todo recto y al final de la calle
이스끼에르다 시게 또도 렉또 이 알 휘날 데 라 까예
está el Museo.
에스따 엘 무세오

A : ¿Puedo sacar fotografías en el Museo?
뿌에도 사까르 호또그라휘아스 엔 엘 무세오

B : No. Está prohibido.
노 에스따 쁘로이비도

A : ¿A qué hora cierran?
아 께 오라 씨에란

B : A las cinco de la tarde.
아 라스 씽꼬 데 라 따르데

A : Y de allí, ¿para regresar al hotel?
이 데 아이 빠라 레그레사르 알 오뗄
¿Hay una parada de taxi cerca?
아이 우나 빠라다 데 딱시 쎄르까

B : Sí, hay una al final de la avenida. (1)
시 아이 우나 알 휘날 데 라 아베니다

A : 대성당이 어디 있습니까? 멀어요?
B : 아니예요. 바로 코앞에 있어요. 소깔로 광장에 있습니다.
A : 그리고 현대미술관은 어디예요?
B : 세고비아 거리로 접어드세요. 두 번째 거리에서 왼쪽으로 도세요. 그리고 곧장 가면 거리 끝에 미술관이 있어요.
A : 미술관에서 사진 찍을 수 있나요?
B : 아니요. 금지되었어요.
A : 몇 시에 닫나요?
B : 오후 5시에요.
A : 그곳에서 호텔로 가려면요? 근처에 택시 정류장이 있나요?
B : 그 거리 끝에 있습니다.

문법한토막

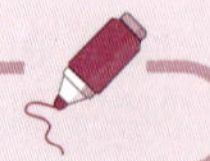

(1) Hay / Estar 표현비교

두 표현 모두 '~에 (무엇이) 있다'라는 뜻이다. ¿Dónde está la Catedral?와 ¿Hay una parada de autobús?라는 문장에서 차이를 살펴보면 'la Catedral 대성당' 같이 화자와 청자가 알고 있는 것의 위치를 물을 경우는 ¿Dónde está. ~?표현을 써야하고 '**una parada de autobús**' (버스정류장) 또는 '**unos libros**'(책들)과 같이 부정관사와 함께 쓰이는 것의 위치를 언급할 때는 '**Hay ~**'표현을 쓴다.

Unidad 7.

내 취미, 취향은?

"알아둡시다"

취미가 뭐예요?

¿Cuáles son tus aficiones?
꾸알레스 손 뚜스 아휘씨오네스

¿Qué aficiones tienes?
께 아휘씨오네스 띠에네스

뭐하는 것을 좋아하세요?

¿Qué te gusta hacer?
께 떼 구스따 아쎄르

어떤 음식을 좋아하세요?

¿Qué comida te gusta?
께 꼬미다 떼 구스따

이태리 음악을 좋아해요.

Me gusta la comida italiana.
메 구스따 라 꼬미다 이딸리아나

튀긴 감자를 좋아하세요?

¿Le gustan las patatas fritas?
레 구스딴 라스 빠따따스 후리따스

나는 고기를 좋아하는데 너는?

Me gusta la carne y ¿a ti?
메 구스따 라 까르네 이 아 띠

나도 고기를 좋아해.

A mí también me gusta la carne.
아 미 땀비엔 메 구스따 라 까르네

여기서 춤을 출 수 있나요?

¿Aquí se puede bailar?
아끼 세 뿌에데 바일라르

예, 출 수 있어요.

Sí, se puede.
시 세 뿌에데

아니요, 출 수 없어요.

No, no se puede.
노 노 세 뿌에데

카드놀이를 하시나요?

¿Juega a las cartas?
후에가 아 라스 까르따스

우리는 농구를/포커를 합니다.

Jugamos a la canasta/al póker.
후가모스 아 라 까나스따 / 알 뽀께르

대중적인 게임이에요.

Es un juego popular.
에스 운 후에고 뽀뿔라르

장기 선수예요?

¿Es jugador de ajedrez?
에스 후가도르 데 아헤드레스

경비에게 호텔에 장기판이 있는지 물어보았다.

Le preguntè al conserje si hay
레 쁘레군떼 알 꼰세르헤 이 아이

un tablero de ajedrez en el hotel.
운 따블레로 데 아헤드레스 엔 엘 오뗄

호텔에 테니스장이 있어요. 경기 하시겠어요?

Hay una cancha de tenis en el hotel.
아이 우나 깐차 데 떼니스 엔 엘 오뗄

¿Le gustaría jugar una partida?
레 구스따리아 후가르 우나 빠르띠다

Unidad 7.

내 취미, 취향은?

"말해봅시다"

A : ¿Qué haces durante la semana?
께 아쎄스 두란떼 라 세마나

B : Umm, nada especial. De lunes a viernes me
움 나다 에스뻬씨알 데 루네스 아 비에르네스 메

levanto (1) a las seis, me ducho, me visto,
레반또 아 라스 세이스 메 두초 메 비스또

desayuno y a las ocho llego a la oficina.
데사유노 이 아 라스 오초 예고 아 라 오휘씨나

Regreso a casa a las seis.
레그레소 아 까사 아 라스 세이스

A : Y ¿qué haces en la noche?
이 께 아쎄스 엔 라 노체

B : Normalmente, ceno y después voy al gimnasio.
노르말멘떼 쎄노 이 데스뿌에스 보이 알 힘나시오

Regreso a casa como a las nueve y veo la
레그레소 아 까사 꼬모 아 라스 누에베 이 베오 라

televisión o leo.
뗄레비시온 오 레오

A : ¿Cada cuántos días vas al gimnasio?
까다 꾸안또스 디아스 바스 알 힘나시오

B : Tres veces a la semana.
뜨레스 베쎄스 아 라 세마나

A : ¿Y los fines de semana?
이 로스 휘네스 데 세마나

B : Siempre quedo con mis amigos. Los sábados casi
시엠쁘레 께도 꼰 미스 아미고스 로스 사바도스 까시

siempre quedamos en el mismo bar, tomamos
시엠쁘레 께다모스 엔 엘 미스모 바르 또마모스

unas copas y bailamos. Los domingos, por la
우나스 꼬빠스 이 바일라모스 로스 도밍고스 뽀르 라

mañana corremos por el parque y por la tarde
마냐나 꼬레모스 뽀르 엘 빠르께 이 뽀르 라 따르데

vamos al cine.
바모스 알 씨네

A : ¿Te gusta cocinar? (2)
떼 구스따 꼬씨나르

B : No, en absoluto. Prefiero comer afuera, no en
노 엔 압솔루또 쁘레퓌에로 꼬메르 아후에라 노 엔

casa. ¿Cuáles son tus aficiones?
까사 꾸알레스 손 뚜스 아휘씨오네스

A : Me encanta ir al teatro y cantar.
메 엔깐따 이르 알 떼아뜨로 이 깐따르

¿Se puede cantar aquí?
세 뿌에데 깐따르 아끼

B : A esta hora, no, pero en la noche sí es posible.
아 에스따 오라 노 뻬로 엔 라 노체 시 에스 뽀시블레

¿Practicas algún deporte?
쁘락띠까스 알군 데뽀르떼

A : Juego al tenis desde hace veinte años.
후에고 알 떼니스 데스데 아쎄 베인떼 아뇨스

Por eso no engordo mucho.
뽀르 에소 노 엔고르도 무초

A : 주 중에는 뭐하니?
B : 음.. 특별한 거 없어. 월요일에서 금요일까지 6시에 일어나서 샤워하고 옷 입고 아침 먹고 8시에는 사무실에 도착하지. 6시에는 집으로 돌아와.
A : 밤에는 뭐해?
B : 보통 저녁 먹고는 운동하러 가. 9시 정도에 돌아와서 TV를 보거나 독서를 해.
A : 운동은 몇 번 가?
B : 일주일에 세 번 가.
A : 그리고 주말에는?
B : 항상 친구들을 만나. 매주 토요일에는 항상 같은 바에서 만나서 한 잔하고 춤을 추지.
A : 매주 일요일 오전에는 공원을 달리고 오후에는 영화를 봐.
B : 음식하는 것은 좋아하니?
A : 아니, 전혀. 나는 외식을 좋아해. 네 취미들은 뭐니?
B : 나는 연극공연 보는 것과 노래하는 것을 좋아해. 여기서 노래할 수 있니?
A : 이 시간에는 안 되지, 그러나 밤에는 가능해. 운동하는 거 있어?
B : 20년 동안 테니스를 했어. 덕분에 살이 많이 안 쪘지.

문법한토막

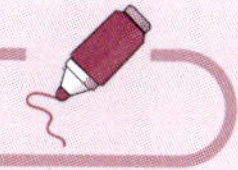

(1) 재귀동사와 재귀대명사

재귀동사와 재귀대명사란 동사의 동작의 주체와 대상이 일치하는 경우이다. 즉 Me levanto a las 7.(나는 7시에 일어난다)라는 문장에서 '~를 일으키다'라는 타동사 levantar의 목적어가 재귀대명사 me이므로 주어인 '네가' 동사의 목적어도 되는 경우이다. **Te lavas las manos.** (너는 손을 씻는다.) **Se viste rápido.** (그는 빨리 옷을 입는다.)

(2) Gustar(=encantar) 동사

Gustar동사는 '~을 좋아하다'라는 의미인데 스페인어 문장형태는 다음과 같다: 간접목적어(me,te,le,nos,os,les) + gustar 동사 + 주어

Gustar동사는 뒤에 오는 주어에 따라 변화시키며 주어로는 명사 뿐 아니라 동사원형도 올 수 있다. Me encanta el café.(나는 커피를 좋아한다.)라는 문장에서 간접목적어 me는 의미상의 주어가 되고 문장의 주어는 커피이므로 동사는 3인칭 단수형이고 직역을 하면 '커피가 나에게 즐거움을 준다'이다.

Unidad 8.

날씨는?

"알아둡시다"

날씨가 어때요?

¿Qué tiempo hace? (1)
께 띠엠뽀 아쎄

날씨가 좋아요.

Hace buen día.
아쎄 부엔 디아

아주 좋은 날씨는 아니에요.

No es un día muy bueno.
노 에스 운 디아 무이 부에노

하루 종일/오후에/밤에 비가 올 거라고 생각해?

¿Cree que lloverá todo el día/toda la
끄레에 께 요베라 또도 엘 디아 / 또다 라
tarde/toda la noche?
따르데 / 또다 라 노체

오늘 더울 거예요.

Va a hacer calor hoy.
바 아 아쎄르 깔로르 오이

겨울에 여기는 무척 추워요?

¿Hace mucho frío aquí en el invierno?
아쎄 무초 후리오 아끼 엔 엘 인비에르노

바람이 많이 불어.

Hace bastante viento.
아쎄 바스딴떼 비엔또

태풍이 올 거라고 생각해요.

Creo que se aproxima una tormenta.
끄레오 께 세 아쁘록시마 우나 또르멘따

번개를 봐.

Mira los relámpagos.
미라 로스 레람빠고스

곧 지나갈 거야.

Se pasará pronto.
세 빠사라 쁘론또

우리나라에는 이런 날씨는 없어요.

No tenemos esta clase de clima en mi país.
노 떼네모스 에스따 끌라세 데 끌리마 엔 미 빠이스

이렇게 날씨가 흐리니 유감이에요.

Es una pena que esté tan gris.
에스 우나 뻬나 께 에스떼 딴 그리스

이렇게 예쁜 일출을 보았나요?

¿Vio la salida de sol tan bonita?
비오 라 살리다 데 솔 딴 보니따

이렇게 멋진 일몰을 보았나요?

¿Vio la puesta de sol tan preciosa?
비오 라 뿌에스따 데 솔 딴 쁘레씨오사

작년 여름은 너무 습했어요.

Tuvimos un verano muy húmedo el año pasado.
뚜비모스 운 베라노 무이 우메도 엘 아뇨 빠사도

오늘은 안개가 많이 꼈네요.

Hay mucha neblina hoy.
아이 무차 네블리나 오이

대기가 많이 맑아졌어요.

La atmósfera está muy despejada.
라 앗모스훼라 에스따 무이 데스뻬하다

나는 봄을 좋아해.

Me gusta la primavera.
메 구스따 라 쁘리마베라

그는 가을을 싫어해.

No le gusta el otoño.
노 레 구스따 엘 오또뇨

기온은 몇 도야?

¿Qué marca el barómetro?
께 마르까 엘 바로메뜨로

Unidad 8.

날씨는?

"말해봅시다"

A : ¿Vas a salir ahora con esta lluvia?
바스 아 살리르 아오라 꼰 에스따 유비아

B : Sí, mamá. Es que Carlos y yo quedamos de vernos
시 마마 에스 께 까를로스 이 요 께다모스 데 베르노스

a las cuatro. Tenemos mucho trabajo para mañana.
아 라스 꾸아뜨로 떼네모스 무초 뜨라바호 빠라 마냐나

A : Mira los relámpagos. ¿Por qué no le dices que
미라 로스 레람빠고스 뽀르 께 노 레 디쎄스 께

venga a trabajar?
벵가 아 뜨라바하르

B : No te preocupes. Se pasará pronto.
노 떼 쁘레오꾸뻬스 세 빠사라 쁘론또

Odio este clima de verano.
오디오 에스떼 끌리마 데 베라노

Lo unico bueno es que la temperatura no es tan
로 우니꼬 부에노 에스 께 라 뗌뻬라뚜라 노 에스 딴

alta, a pesar de la humedad que no aguanto.
알따 아 뻬사르 데 라 우메닫 께 노 아구안또

A : ¿Qué estación prefieres?
께 에스따씨온 쁘레휘에레스

B : Prefiero el otoño. Llueve de vez en cuando y hace
쁘레휘에로 엘 오또뇨 유에베 데 베스 엔 꾸안도 이 아쎄

sol. (1) La temperatura es muy agradable en todo
솔 라 뗌뻬라뚜라 에스 무이 아그라다블레 엔 또도

el país.
엘 빠이스

A : 이렇게 비가 오는데 나가니?
B : 예, 엄마. 까를로스와 4시에 만나기로 했거든요. 내일 제출 할 숙제가 많아요.
A : 번개 좀 봐. 그 아이에게 숙제하러 오라고 하지 그래?
B : 걱정하지 마세요. 곧 그칠 거예요. 이런 여름 날씨가 정말 싫어요. 유일하게 좋은 점은 참을 수 없는 습기에도 불구하고 기온이 높지 않다는 거예요.
A : 어떤 계절을 좋아하니?
B : 가을을 좋아해요. 비가 가끔 오고 해가 나는 맑은 날씨예요. 전국적으로 기온도 적당해요.

문법한토막

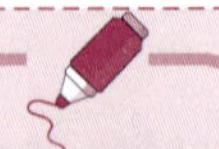

(1) Hacer 동사

개인적으로 덥다 또는 춥다는 tener동사로 표현하지만 날씨가 덥다 또는 춥다는 hacer 동사를 사용한다.

Hace calor. 날씨가 덥다. Tengo calor. 내가 덥다.

Hace frío. 날씨가 춥다. Tenemos frío. 내가 춥다.

Unidad 9.

옷사러 갑시다

"알아둡시다"

쇼핑가고 싶어.

Quiero ir de compras.
끼에로 이르 데 꼼쁘라스

가장 좋은 상점들이 어디 있니?

¿Dónde están las mejores tiendas?
돈데 에스딴 라스 메호레스 띠엔다스

가장 싼 상점은 어디 있니?

¿Dónde están las tiendas más baratas?
돈데 에스딴 라스 띠엔다스 마스 바라따스

뭘 도와드릴까요?

¿En qué puedo servirle?
엔 께 뿌에도 세르비를레

보고 있어요, 고마워요.

Estoy mirando, gracias.
에스또이 미란도 그라씨아스

나는 셔츠를 보고 싶어요.

Me gustaría ver camisas.
메 구스따리아 베르 까미사스

심플한 셔츠

camisas sencillas
까미사스 센씨야스

색깔이 있는 셔츠

camisas de color
까미사스 데 꼴로르

줄무늬 셔츠

camisas rayadas
까미사스 라야다스

체크무늬 셔츠

camisas cuadradas
까미사스 꾸아드라다스

긴 팔 셔츠

camisas de manga larga
까미사스 데 망가 라르가

짧은 팔 셔츠

camisas de manga corta
까미사스 데 망가 꼬르따

면으로 된 셔츠

camisas de algodón
까미사스 데 알고돈

제 목둘레 사이즈는 OO예요.

El número de mi cuello es ...
엘 누메로 데 미 꾸에요 에스

이 색깔은 내게 안 어울려요.

Este color no me va bien.
에스떼 꼴로르 노 메 바 비엔

모직으로/ 빨간색으로 된 것 있나요?

¿Tiene algo en lana/en rojo?
띠에네 알고 엔 라나/ 엔 로호

저는 짧은 바지를 원해요.

Quiero unos pantalones cortos.
끼에로 우노스 빤딸로네스 꼬르또스

그들은 샌들이 있나요?

¿Tienen sandalias?
띠에넨 산달리아스

넥타이가 없나요?

¿No tienen corbatas?
노 띠에넨 꼬르바따스

그 치마를 볼 수 있나요?

¿Puedo ver esa falda?
뿌에도 베르 에사 활다

제 스타일이 아니에요.

No es de mi estilo.
노 에스 데 미 에스띨로

내가 그것을 입어 볼 탈의실이 있나요?

¿Hay una sala de pruebas donde me lo pueda poner?
아이 우나 살라 데 쁘루에바스 돈데 메 로 뿌에다 뽀네르

내게 잘 맞지 않으면 돌려줄 수 있나요?

¿Lo puedo devolver si no me va bien?
로 뿌에도 데볼베르 시 노 메 바 비엔

내게 영수증을 줄 수 있나요?

¿Me puede dar un recibo?
메 뿌에데 다르 운 레씨보

내게 잘 안 어울려요.

No me sienta bien.
노 메 시엔따 비엔

얼마예요?

¿Cuánto es?
꾸안또 에스

¿Cuánto cuesta?
꾸안또 꾸에스따

¿Cuánto vale?
꾸안또 발레

돈 받으실래요?

¿Me cobra?
메 꼬브라

사이즈가 얼마지요?

¿Cuál es su talla?
꾸알 에스 수 따야

42예요.

La/una 42.
라 / 우나 꾸아렌따 이 도스

넓어요.

Son anchos.
손 안초스

더 큰 것을 원해요.

Los quiero más grandes. (1)
로스 끼에로 마스 그란데스

더 작은 것으로 주세요.

Los quiero más pequeños.
로스 끼에로 마스 뻬께뇨스

다른 것을 보여주실래요?

¿Me puede enseñar otra cosa?
메 뿌에데 엔세냐르 오뜨라 꼬사

지퍼가 물렸어요.

La cremallera se ha trabado.
라 끄레마예라 세 아 뜨라바도

Unidad 9.

옷사러 갑시다

"말해봅시다"

01

A : Buenas tardes. ¿Qué quería?
부에나스 따르데스 께 께리아

B : Quiero unos pantalones largos de color negro.
끼에로 우노스 빤딸로네스 라르고스 데 꼴로르 네그로

A : ¿Qué talla usa de pantalones?
께 따야 우사 데 빤딸로네스

B : La 44, pero los (1) quiero más grandes.
라 꾸아렌따 이 꾸아뜨로 뻬로 로스 끼에로 마스 그란데스

A : Un momento, por favor. Ahora se los traigo.
운 모멘또 뽀르 화보르 아오라 세 로스 뜨라이고

A : Aquí tiene los pantalones. ¿Le gusta este estilo?
아끼 띠에네 로스 빤딸로네스 레 구스따 에스떼 에스띨로

B : Sí, me los voy a probar. ¿Hay una sala de pruebas?
시 메 로스 보이 아 쁘로바르 아이 우나 살라 데 쁘루에바스

A : Por supuesto, al fondo del pasillo.
뽀르 수뿌에스또 알 훤도 델 빠시요

B : Si me quedan bien, me los llevo.
시 메 께단 비엔 메 로스 예보

A : 안녕하세요? 뭘 원하세요?
B : 검은 색 긴 바지를 원해요.
A : 바지 사이즈가 뭐예요?
B : 44인데 좀 더 큰 것을 원해요.
A : 잠시 만요. 곧 가지고 오겠습니다.
A : 여기 바지가 있어요. 이 스타일을 좋아하세요?

B : 예, 입어볼 게요. 탈의실이 있나요?
A : 물론이지요. 복도 끝에 있어요.
B : 잘 맞으면 가져 갈게요.

02

A : Señor. ¿sería usted tan amable de enseñarme
세뇨르 세리아 우스뗀 딴 아마블레 데 엔세냐르메

unas blusas?
우나스 블루사스

B : Sí, señora, cómo no. Dígame qué clase de blusa
시 세뇨라 꼬모 노 디가메 께 끌라세 데 블루사

quiere y en qué talla.
끼에레 이 엔 께 따야

A : Búsqueme, por favor, en talla 32,
부스께메 뽀르 화보르 엔 따야 뜨레인따 이 도스

unas blusas camiseras.
우나스 블루사스 까미세라스

B : Aquí tiene éstas que nos acaban de llegar.
아끼 띠에네 에스따스 께 노스 아까반 데 예가르

Son muy bonitas, ¿no?
손 무이 보니따스 노

A : Sí, muy bonitas. ¿Se lavan en casa?
시 무이 보니따스 세 라반 엔 까사

B : No, son de tintorería.
노 손 데 띤또레리아

A : Ay, no. Enséñeme sólo blusas de lavar y usar.
아이 노 엔세녜메 솔로 블루사스 데 라바르 이 우사르

Nada que sea de tintorería.
나다 께 세아 데 띤또레리아

B : ¿Qué le parece este modelo?
께 레 빠레쎄 에스떼 모델로

A : Muy mono. ¿Me quiere enseñar otros colores?
무이 모노 메 끼에레 엔세냐르 오뜨로스 꼴로레스

B : Mire, estos son todos los que tengo.
미레 에스또스 손 또도스 로스 께 뗑고

A : Muy amable, Señor.
무이 아마블레 세뇨르

A : 아저씨, 블라우스 좀 보여주겠어요?
B : 예, 부인 물론이지요. 어떤 블라우스를 원하세요? 사이즈는요?
A : 32사이즈인데 셔츠스타일의 블라우스를 찾아주세요.
B : 여기에 방금 도착한 것들이 있어요. 예쁘지요?
A : 예, 아주 예뻐요. 집에서 빨 수 있나요?
B : 아니요. 세탁소에서 하셔야 해요.
A : 아, 아니예요. 막 빨아 입을 수 있는 것으로 주세요. 세탁소는 말고요.
B : 이런 모델은 어떠세요?
A : 아주 예뻐요. 다른 색으로 보여주시겠어요?
B : 여기 있는 것이 다예요.
A : 고마워요, 아저씨.

문법한토막

(1) 목적대명사

타동사의 목적어가 반복될 경우 대명사로 바꾸어 주는데 우리말로 '~를, 을'로 번역되는 직접목적대명사(me / te / lo〈남성〉, la〈여성〉// nos / os / los, las〈복수〉)와 '~에게'라는 의미의 간접목적대명사(me / te / le // nos / os / les)가 있다. 스페인어에서 목적대명사 위치는 동사 앞이고 간접목적어와 직접목적어가 함께 올 경우 간접목적어가 더 앞에 위치한다. 두 목적대명사 모두 3인칭일 경우 간접목적어를 'se'로 바꾸어준다.

Quiero unos pantalones. 나는 바지를 원한다.

Los quiero más grandes. 더 큰 것들(바지들)을 원한다.

Se los traigo. 나는 당신에게 그것들을(바지들을) 가져온다.

동사형태가 긍정명령형, 동사원형, 현재분사형인 경우 목적대명사를 동사 뒤에 붙여준다.

Dámelo. 나에게 그것을 줘라

Tengo que leerlos. 나는 그것들을 읽어야만 한다.

Está lavándoselas. 그(그녀)는 그녀(그)에게 그것을 씻어주고 있다.

Unidad 10.

장 보러 가요

"알아둡시다"

시장은 어디 있나요?

¿Dónde está el mercado?
돈데 에스따 엘 메르까도

몇 시까지 열려 있나요?

¿Hasta qué hora está abierto?
아스따 께 오라 에스따 아비에르또

이 근처에 식료품점이 있나요?

¿Hay una tienda de comestibles cerca de aquí?
아이 우나 띠엔다 데 꼬메스띠블레스 쎄르까 데 아끼

그것은 어떤 고기인가요?

¿Qué clase de carne es ésa?
께 끌라세 데 까르네 에스 에사

좀 더 주세요.

Póngala un poco más.
뽕갈라 운 뽀꼬 마스

그건 너무 많아요.

Eso es demasiado.
에소 에스 데마시아도

비닐봉지에 넣어주세요.

Póngala en una bolsa de plástico.
뽕갈라 엔 우나 볼사 데 쁠라스띠꼬

생선을 다듬어줄 수 있나요?

¿Puede limpiar el pescado?
뿌에데 림삐아르 엘 뻬스까도

머리는 놔두세요.

Deje la cabeza, por favor.
데헤 라 까베사 뽀르 화보르

꼬리는 잘라주세요.

Quite la cola, por favor.
끼떼 라 꼴라 뽀르 화보르

그 치즈 이름은 무엇인가요?

¿Cuál es el nombre de ese queso?
꾸알 에스 엘 놈브레 데 에세 께소

치즈를 통째로 가져가야 하나요, 아니면 조각으로 자를까요?

¿Me tengo que llevar el queso entero o lo corto en trozos?
메 뗑고 께 예바르 엘 께소 엔떼로 오 로 꼬르또 엔 뜨로소스

멜론이 잘 익었나요?

¿Está maduro el melón?
에스따 마두로 엘 멜론

오늘 바로 드실 수 있어요.

Es para comer hoy.
에스 빠라 꼬메르 오이

이 상추는 너무 시들었어요.

Esta lechuga está bastante lacia.
에스따 레추가 에스따 바스딴떼 라씨아

이 사과들은 아삭 거리나요?

¿Son crujientes estas manzanas?
손 끄루히엔떼스 에스따스 만사나스

더 튼튼한 봉지 있나요?

¿Tiene una bolsa más fuerte?
띠에네 우나 볼사 마스 후에르떼

그것을 내 종이 봉지에 넣을래요.

Lo pondré en mi bolsa de papel.
로 뽄드레 엔 미 볼사 데 빠뻴

상자가 있나요?

¿Tiene una caja?
띠에네 우나 까하

Unidad 10.

장 보러 가요

"말해봅시다"

A : Elisa, necesito comprar un kilo de naranjas,
엘리사 네쎄시또 꼼쁘라르 운 낄로 데 나랑하스,

verduras y un paquete de harina. ¿Dónde puedo
베르두라스 이 운 빠께떼 데 아리나 돈데 뿌에도

ir a comprar?
이르 아 꼼쁘라르

B : Podemos ir al mercado central. Es más barato
뽀데모스 이르 알 메르까도 센뜨랄 에스 마스 바라또

que el supermercado y la fruta es mucho mejor
께 엘 수뻬르메르까도 이 라 후루따 에스 무초 메호르

que allí. (1) Además, es muy interesante el
께 아이 아데마스 에스 무이 인떼레산떼 엘

ambiente de un mercado.
암비엔떼 데 운 메르까도

A : ¿A cómo están las naranjas? (2)
아 꼬모 에스딴 라스 나랑하스

B : Diez pesos, por kilo. ¿Cuánto quiere?
디에스 뻬소스 뽀르 낄로 꾸안또 끼에레

A : Un kilo, por favor.
운 낄로 뽀르 화보르

A : 엘리사, 오렌지 1킬로와 야채, 밀가루 한 봉지를 살 필요가 있어요. 어디 가서 살 수 있지요?
B : 중앙시장에 갈 수 있어요. 슈퍼마켓보다 더 싸고 과일은 그곳이 훨씬 더 좋아요. 게다가 시장 분위기가 재미있어요.
A : 오렌지는 얼마예요?

B : 킬로에 10뻬소예요. 얼마나 원하세요?
A : 1킬로 주세요.

문법한토막

(1) 형용사의 비교급

형용사의 비교급은 형용사에 más(..보다 더)/menos(..보다 덜)를 붙여준다.

El mercado central es más barato que el supermercado.
중앙시장이 수퍼마켓보다 더 싸다.

Mejor는 bueno(좋은)의 비교급이고 peor는 malo(나쁜)의 비교급이다. Grande의 비교급은 mayor(나이가 더 많은), más grande(더 큰)이고 pequeño의 비교급은 menor(나이가 더 적은), más pequeño(더 작은)이다.

최상급은 비교급에 정관사를 붙여준다.

Este libro es el más interesante en la librería.
이 책이 책방에서 제일 재미있는 책이다.

(2) 가격을 물어볼 때

¿Cuánto es?/¿Cuánto vale?/¿Cuánto cuesta? 얼마예요?
¿A cuánto(cómo) están hoy las manzanas? 오늘 사과는 얼마해요?
변동하는 가격을 물어볼 때는 estar 동사를 사용한다.

Unidad 11.

외식해요

"알아둡시다"

좋은 식당이 어디 있어요?

¿Dónde hay un buen restaurante?
돈데 아이 운 부엔 레스따우란떼

몇 시부터 몇 시 사이에 음식을 주나요?

¿Entre qué horas se sirve la comida?
엔뜨레 께 오라스 세 시르베 라 꼬미다

우리가 지금 점심을 먹을 수 있나요?

¿Podemos almorzar ahora?
뽀데모스 알모르사르 아오라

둘이에요.

Somos dos.
소모스 도스

창문 근처 테이블을 주세요.

Deme una mesa cerca de la ventana,
데메 우나 메사 쎄르까 데 라 벤따나

por favor.
뽀르 화보르

이 테이블은 예약되었나요?

¿Está reservada esta mesa?
에스따 레세르바다 에스따 메사

정해진 메뉴 대로 저녁을 먹겠어요.

Deseamos cenar a la carta.
데세아모스 쎄나르 아 라 까르따

빨리 좀 주세요.

Haga el favor de servirnos de prisa.
아가 엘 화보르 데 세르비르노스 데 쁘리사

메뉴판을 주세요.

Tráigame la carta, por favor.
뜨라이가메 라 까르따 뽀르 화보르

간단한 것을 원해요.

Quiero algo sencillo.
끼에로 알고 센씨요

너무 맵지 않은 것으로요.

No muy picante.
노 무이 삐깐떼

뭘 드시겠어요?

¿Qué van a tomar?
께 반 아 또마르

마실 것은요?

¿Y para beber?
이 빠라 베베르

고기는 어떻게 해 드릴가요?

¿Cómo quiere la carne?
꼬모 끼에레 라 까르네

저는 잘 구워진 것을 좋아해요.

Me gusta muy cocida.
메 구스따 무이 꼬씨다

저는 아주 덜 익은 것을 좋아해요.

Me gusta bien cruda.
메 구스따 비엔 끄루다

이것은 지나치게 익었어요.

Esto está demasiado cocido.
에스또 에스따 데마시아도 꼬씨도

저는 이것 안 시켰어요.

No he pedido esto.
노 에 뻬디도 에스또

죄송하지만 제 포크가 구부러졌어요.

Disculpe, mi tenedor está torcido.
디스꿀뻬 미 떼네도르 에스따 또르씨도

다른 것으로 가져다주시겠어요?

¿Me puede traer otro, por favor?
메 뿌에데 뜨라에르 오뜨로 뽀르 화보르

물론이지요. 지금 바로 가져다 드리겠어요.

Por supuesto, ahora mismo se lo traigo.
뽀르 수뿌에스또 아오라 미스모 세 로 뜨라이고

계산서 주세요.

La cuenta, por favor.
라 꾸엔따 뽀르 화보르

계산대에서 지불하세요.

Haga el favor de pagar en la caja.
아가 엘 화보르 데 빠가르 엔 라 까하

거스름돈은 가지세요.

El cambio es para usted.
엘 깜비오 에스 빠라 우스뗀

계산서가 잘못 되었네요.

Hay un error en la cuenta.
아이 운 에로르 엔 라 꾸엔따

이 별미의 음식은 뭐예요?

¿Qué son estas extras?
께 손 에스따스 엑스뜨라스

Unidad 11.

외식해요

"말해봅시다"

A : Me gusta este restaurante y ¿a ti?
메 구스따 에스떼 레스따우란떼 이 아 띠

B : A mí también me encanta. Tiene un estilo típico
아 미 땀비엔 메 엔깐따 띠에네 운 에스띨로 띠삐꼬

de España. La comida es riquísima y muy barata.
데 에스빠냐 라 꼬미다 에스 리끼시마 이 무이 바라따

¿Qué te apetece? ¿Qué te gusta?
께 떼 아뻬떼쎄 께 떼 구스따

A : Me gusta mucho el pescado con salsa de tomate.
메 구스따 무초 엘 뻬스까도 꼰 살사 데 또마떼

Y me gustan también las albóndigas.
이 메 구스딴 땀비엔 라스 알본디가스

C : Buenas noches, ¿qué van a tomar?
부에나스 노체스 께 반 아 또마르

A : De primero, gazpacho y de segundo, bistec.
데 쁘리메로 가스빠쵸 이 데 세군도 비스텍

B : Para mí lo mismo.
빠라 미 로 미스모

C : ¿Cómo quieren la carne?
꼬모 끼에렌 라 까르네

A : Medio cocida, por favor.
메디오 꼬씨다 뽀르 화보르

B : Muy cocida, por favor.
무이 꼬씨다 뽀르 화보르

C : ¿Y para beber?
이 빠라 베베르

A : Vino tinto. ¿Cuál nos recomienda?
비노 띤또 꾸알 노스 레꼬미엔다

C : Éste. Es el vino más caro del restaurante, pero
에스떼 에스 엘 비노 마스 까로 델 레스따우란떼 뻬로

es buenísimo
에스 부에니시모

A : Pues, éste. Disculpe, mi tenedor está torcido.
뿌에스 에스떼 디스꿀뻬 미 떼네도르 에스따 또르씨도

¿Me puede traer otro, por favor?
메 뿌에데 뜨라에르 오뜨로 뽀르 화보르

C : Por supuesto, ahora mismo se lo traigo.
뽀르 수뿌에스또 아오라 미스모 세 로 뜨라이고

A : 나는 이 식당이 좋아. 너는?
B : 나도 좋아. 스페인 전통 스타일이야. 음식이 맛있고 값도 싸. 뭘 먹고 싶어? 뭘 좋아하니?
A : 토마토소스를 곁들인 생선요리를 아주 좋아해. 고기완자 요리도 좋아해.
C : 안녕하세요? 무엇을 드시겠어요?
A : 첫 번째는 가스빠초 그리고 두 번째는 비프스테이크요.
B : 저도 같은 것으로요.
C : 고기는 어떻게 해드릴까요?
A : 중간으로 해주세요.
B : 저는 잘 구워주세요.
C : 마실 것은요?
A : 적포도주요. 저희에게 무엇을 추천하시겠어요?
C : 이것이요. 이 식당에서 가장 비싼 것이지만 아주 맛있지요.
A : 그러면 이것으로 주세요. 그리고 죄송하지만 제 포크가 구부러졌네요. 다른 것으로 가져다주시겠어요?
C : 물론 이지요. 지금 바로 가져오겠습니다.

Unidad 12.

전화하기

"알아둡시다"

공중전화는 어디 있나요?

¿Dónde hay un teléfono público?
돈데 아이 운 뗄레훠노 뿌블리꼬

당신 전화 좀 쓸 수 있나요?

¿Puedo usar su teléfono?
뿌에도 우사르 수 뗄레훠노

전화통화를 하고 싶어요.

Quiero hacer una llamada telefónica.
끼에로 아쎄르 우나 야마다 뗄레호니까

나중에 얼마인지 말씀해 주시겠습니까?

¿Puede decirme después cuánto es?
뿌에데 데씨르메 데스뿌에스 꾸안또 에스

수신자부담으로 전화하고 싶어요.

Quiero una llamada con cobro revertido.
끼에로 우나 야마다 꼰 꼬브로 레베르띠도

끊어졌어요. 다시 연결시켜 주시겠어요?

Me han cortado, ¿puede volverme a poner?
메 안 꼬르따도 뿌에데 볼베르메 아 뽀네르

알바레스씨 좀 부탁합니다.

El Sr. Alvárez, por favor.
엘 세뇨르 알바레스 뽀르 화보르

누구세요?

¿De parte de quién?
데 빠르떼 데 끼엔

¿Quién habla?
끼엔 아블라

기다리세요.

No se retire.
노 세 레띠레

우리가 당신에게 전화하겠어요.

Le llamaremos.
레 야마레모스

집에 없어요.

No está en casa.
노 에스따 엔 까사

지금 없어요.

No se encuentra ahora.
노 세 엔꾸엔뜨라 아오라

언제 돌아오나요?

¿Cuándo volverá?
꾸안도 볼베라

메세지를 남길 수 있을까요?

¿Puedo dejarle un recado?
뿌에도 데하를레 운 레까도

까를로스 엘비라가 전화했었다고 전해주세요.

Dígale que ha llamado Carlos Elvira.
디갈레 께 아 야마도 까를로스 엘비라

나중에 다시 전화할게요.

Llamaré después.
야마레 데스뿌에스

제게 전화해 달라고 전해주세요.

Dile que me llame, por favor.
딜레 께 메 야메 뽀르 화보르

전화 받는 분은 누구이신가요?

¿Con quién tengo el gusto?
꼰 끼엔 뗑고 엘 구스또

당신의 전화번호가 무엇이지요?

¿Cuál es su número?
꾸알 에스 수 누메로

제 번호는 6179402 입니다.

Mi número es 6179402.
미 누메로 에스 세이스 디에시시에떼 노벤따이꾸아뜨로 세로도스

잘 들리지 않아요.

No le oigo bien.
노 레 오이고 비엔

잘 못 거셨어요?

Tiene el número equivocado.
띠에네 엘 누메로 에끼보까도

안 받아요.

No contestan.
노 꼰떼스딴

Unidad 12.

전화하기

"말해봅시다"

01

A : ¿Diga?
디가

B : Bueno, ¿Está Carolina?
부에노 에스따 까롤리나

A : ¿De parte de quién?
데 빠르떼 데 끼엔

B : De Carmen.
데 까르멘

A : Un momento, por favor, ahora se pone.
운 모멘또 뽀르 화보르 아오라 세 뽀네

B : Muchas gracias.
무차스 그라씨아스

A : De nada.
데 나다

A : 여보세요?
B : 여보세요? 까롤리나 있어요?
A : 누구세요?
B : 까르멘입니다.
A : 잠깐만요. 지금 바꿔 드릴게요.
B : 감사합니다.
A : 천만에요.

02

A : ¿Aló?
알로

B : ¿Me comunica con Noelia?
메 꼬무니까 꼰 노엘리아

A : Ahora no se encuentra. ¿Quién habla?
아오라 노 세 엔꾸엔뜨라 끼엔 아블라

B : Carmen Herrera.
까르멘 에레라

A : ¿Quiere dejar algún recado?
끼에레 데하르 알군 레까도

B : Dígale que me llame, por favor.
디갈레 께 메 야메 뽀르 화보르

A : Se lo digo, cuando vuelva.
세 로 디고 꾸안도 부엘바

A : 여보세요?
B : 노엘리아와 통화할 수 있나요?
A : 지금 없어요. 누구세요?
B : 까르멘 에레라입니다.
A : 전할 말씀 있으세요?
B : 전화해달라고 전해주세요.
A : 돌아오면 전해드리겠어요.

03

A : ¿Sí?
시

B : ¿Está Ignacio?
에스따 이그나씨오

A : Sí, soy yo.
시 소이 요

A : 네?
B : 이그나시오 있어요?
A : 전데요.

04

B : ¿Bueno?
부에노

A : ¿Hablo a la casa de la familia Herrera?
아블로 아 라 까사 네 라 화밀리아 에레라

B : No, no es aquí. Se ha equivocado.
노 노 에스 아끼 세 아 에끼보까도

A : 여보세요?
B : 에레라 가족 집인가요?
A : 아니요. 잘못 거셨어요.

※ 전화를 걸거나 받을 때 처음 말하는 "여보세요?"라는 스페인어 표현은 경우에 따라 다르다.

¿Diga?, ¿Sí?는 전화를 받은 경우이고 ¿Oiga?는 전화를 건 경우이다.
중남미에서는 ¿Aló?라는 표현을 사용하는 곳도 있다.
¿Bueno?라는 표현은 멕시코에서 주로 사용된다.

Unidad 13.

세관에서

"알아둡시다"

세관은 어디 있나요?

¿Dónde está la aduana?
돈데 에스따 라 아두아나

이것이 제 짐이에요, 두 개에요.

Éste es mi equipaje, dos piezas. (1)
에스떼 에스 미 에끼빠헤 도스 삐에싸스

여기 여권이 있어요.

Aquí tiene mi pasaporte.
아끼 띠에네 미 빠사뽀르떼

다 열어야 하나요?

¿Debo abrir todo?
데보 아브리르 또도

제 짐을 열까요? 어떤 것이요?

¿Quiere que abra mis maletas? ¿Cuál?
끼에레 께 아브라 미스 말레따스 꾸알

제 열쇠들을 찾을 수 없어요.

No puedo encontrar mis llaves.
노 뿌에도 엔끈뜨라르 미스 야베스

열쇠를 잃어버렸어요.

Perdí la llave.
뻬르디 라 야베

신고할 것은 없어요.

No tengo nada que declarar.
노 뗑고 나다 께 데끌라라르

팔 것은 없어요.

No tengo nada que vender.
노 뗑고 나다 께 벤데르

이 모든 것은 제 개인 용도입니다.

Todo esto es para mi uso personal.
또도 에스또 에스 빠라 미 우소 뻬르소날

제 친구들에게 줄 작은 선물들이에요.

Tengo unos pocos regalos pequeños para mis amigos.
뗑고 우노스 뽀꼬스 레갈로스 뻬께뇨스 빠라 미스 아미고스

이것들은 선물들이에요.

Éstos son regalos.
에스또스 손 레갈로스

여기 제가 산 선물의 목록이 있어요.

Aquí tiene una lista de los regalos que he comprado.
아끼 띠에네 우나 리스따 데 로스 레갈로스 께 에 꼼쁘라도

저는 술 두 병이 있어요.

Tengo dos botellas de licor.
뗑고 도스 보떼야스 데 리꼬르

이 물건들에 대한 세금을 내야하나요?

¿Hay que pagar impuestos sobre estos artículos?
아이 께 빠가르 임뿌에스또스 소브레 에스또스 아르띠꿀로스

얼마를 내야만 하나요?

¿Cuánto tengo que pagar?
꾸안또 뗑고 께 빠가르

이것이 제가 가진 전부입니다.

Eso es todo lo que tengo.
에소 에스 또도 로 께 뗑고

조심하세요.

Haga el favor de tener cuidado.
아가 엘 화보르 데 떼네르 꾸이다도

당신은 끝났나요?

¿Ha terminado usted?
아 떼르미나도 우스뗃

저는 지금 가도 되나요?

¿Me puedo ir ahora?
메 뿌에도 이르 아오라

저는 짐을 잃어버렸어요.

Se me perdió el equipaje.
세 메 뻬르디오 엘 에끼빠헤

저는 세관의 세금을 낼 수 없어요.

No puedo pagar los derechos de aduana.
노 뿌에도 빠가르 로스 데레초스 데 아두아나

Unidad 13.

세관에서

"말해봅시다"

A : Buenas tardes. ¿Cuál es el objetivo de su viaje?
부에나스 따르데스 꾸알 에스 엘 오브헤띠보 데 수 비아헤

B : Estoy de negocios.
에스또이 데 네고시오스

A : ¿Cuánto tiempo permanecerá?
꾸안또 띠엠뽀 뻬르마네쎄라

B : Dos semanas.
도스 세마나스

A : ¿Tiene algo que declarar?
띠에네 알고 께 데끌라라르

B : No, nada en absoluto. Todo es para mi uso personal.
노 나다 엔 압솔루또 또도 에스 빠라 미 우소 뻬르소날

A : Bueno, puede pasar.
부에노 뿌에데 빠사르

B : Muchas gracias.
무차스 그라씨아스

A : 안녕하세요? 여행목적이 무엇인가요?
B : 사업상의 여행입니다.
A : 얼마동안 머무르실 건가요?
B : 2주입니다.
A : 신고할 것이 있나요?
B : 아니요, 하나도 없습니다. 모두 제 개인 물건이예요.
A : 좋아요. 가셔도 됩니다.
B : 감사합니다.

문법한토막

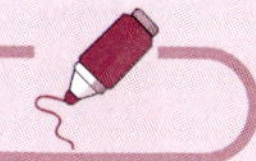

(1) 소유형용사, 대명사

스페인어의 소유형용사 형태는 명사 앞에 놓이는 전치형과 뒤에 오는 후치형이 있다.

- 전치형 mi / tu / su / nuestro(a) / vuestro(a) / su + 명사
- 후치형 명사 + mío(a) / tuyo(a) / suyo(a) / nuestro(a) / vuestro(a) / suyo(a)

소유형용사는 명사의 성,수에 일치시킨다.

mi libro, el libro mío 내 책

mis libros, los libros míos 내 책들

vuestra casa, la casa vuestra 너희들의 집

vuestras casas, las casas vuestras 너희들의 집들

※ 3인칭은 단, 복수 형태가 같으므로 su libro는 그의, 그녀의, 당신의, 그들의, 그녀들의, 당신들의 책이 된다. 그러나 그 의미는 문맥에서 정확하게 파악할 수 있다. 소유대명사는 소유형용사 후치형에 관사를 붙여준다.

el mío, el tuyo, el suyo, el nuestro, el vuestro, el suyo

la mía, la tuya, la suya, la nuestra, la vuestra, la suya

los míos, los tuyos, los suyos, los nuestros, los vuestros, los suyos, las mías, las tuyas, las suyos, las nuestras, las vuestras, las suyas

Unidad 14.

숙박할 곳을 구할 때

"알아둡시다"

방 있습니다.

Hay habitaciones.
아이 아비따씨오네스

방들을 세놓습니다.

Se alquilan habitaciones.
세 알낄란 아비따씨오네스

싼 호텔이 어디 있나요?

¿Dónde hay un hotel barato?
돈데 아이 운 오뗄 바라또

오늘 밤 묵을 방들이 있나요?

¿Tienen habitación para esta noche?
띠에넨 아비따씨온 빠라 에스따 노체

얼마동안 계실건가요?

¿Cuánto tiempo van a estar?
꾸안또 띠엠뽀 반 아 에스따르

오늘 밤만요?

¿Sólo esta noche?
솔로 에스따 노체

다른 좋은 호텔을 내게 추천해줄 수 있나요?

¿Puede recomendarme otro hotel bueno?
뿌에데 레꼬멘다르메 오뜨로 오텔 부에노

방을 예약했는데요. 제 이름은 아나 마리아 뻬레스입니다.

Tengo habitación reservada: mi nombre es Ana María Pérez.
뗑고 아비따씨온 레세르바다 미 놈브레 에스 아나 마리아 뻬레스

저는 샤워가 있는 싱글룸을 원합니다.

Quiero habitación individual con ducha.
끼에로 아비따시온 인디비두알 꼰 두차

우리는 욕실이 있는 더블룸을 원합니다.

Queremos habitación con cama de matrimonio y baño.
께레모스 아비따씨온 꼰 까마 데 마뜨리모니오 이 바뇨

더블룸이 있습니까?

¿Tienen habitación de dos camas?
띠에넨 아비따씨온 데 도스 까마스

저는 세면대가 있는 방을 원합니다.

Quiero habitación con lavabo.
끼에로 아비따씨온 꼰 라바보

더운물과 찬물이 나오나요?

¿Hay agua caliente y fría?
아이 아구아 깔리엔떼 이 후리아

저는 일주일 동안 묵을 방을 원합니다.

Quiero habitación para una semana.
끼에로 아비따씨온 빠라 우나 세마나

방은 몇 층인가요?

¿En qué piso está la habitación?
엔 께 삐소 에스따 라 아비따씨온

승강기는 있나요?

¿Hay ascensor?
아이 아쎈소르

1층에 방이 있나요?

¿Tienen habitación en el primer piso?
띠에넨 아비따씨온 엔 엘 쁘리메르 삐소

방을 볼 수 있나요?

¿Puedo ver la habitación?
뿌에도 베르 라 아비따씨온

이 방을 쓰겠어요.

Tomo esta habitación.
또모 에스따 아비따씨온

이 방은 마음에 안 들어요.

No me gusta esta habitación.
노 메 구스따 에스따 아비따씨온

저는 조용한 방을 원해요.

Quiero una habitación tranquila.
끼에로 우나 아비따씨온 뜨랑낄라

이 방은 상당히 시끄러워요.

Hay mucho ruido en esta habitación.
아이 무초 루이도 엔 에스따 아비따씨온

저는 발코니가 있는 방이면 좋겠는데요.

Me gustaría una habitación con balcón.
메 구스따리아 우나 아비따씨온 꼰 발꼰

바다가 보이는 방이 있나요?

¿Tienen habitación que dé al mar?
띠에넨 아비따씨온 께 데 알 마르

방에 컴퓨터가 있나요?

¿Hay computadora en la habitación?
아이 꼼뿌따도라 엔 라 아비따씨온

저희는 더블 룸만 있습니다.

Sólo tenemos habitación doble.
솔로 떼네모스 아비따씨온 도블레

이것이 유일하게 남은 방입니다.

Ésta es la única habitación que tenemos.
에스따 에스 라 우니까 아비따씨온 께 떼네모스

내일 다른 방이 있을 거예요.

Tendremos otra habitación mañana.
뗀드레모스 오뜨라 아비따씨온 마냐나

하루 방값은 얼마인가요?

¿Cuánto cuesta la habitación por día?
꾸안또 꾸에스따 라 아비따씨온 뽀르 디아

방에 아기침대/작은 침대를 놓아줄 수 있나요?

¿Pueden poner una cuna/una camita en
뿌에덴 뽀네르 우나 꾸나 / 우나 까미따 엔
la habitación?
라 아비따씨온

모두 포함된 것인가요?

¿Está todo incluido?
에스따 또도 인끌루이도

식사도 포함되나요?

¿Están las comidas incluidas?
에스딴 라스 꼬미다스 인끌루이다스

숙박계 좀 써 주실 수 있나요?

¿Pueden llenar la hoja de registro, por favor?
뿌에덴 예나르 라 오하 데 레히스뜨로 뽀르 화보르

Unidad 14.

숙박할 곳을 구할 때

"말해봅시다"

A : Buenas tardes, señorita.
부에나스 따르데스 세뇨리따

B : Buenas tardes. Dígame.
부에나스 따르데스 디가메

A : Quería hacer unas reservaciones para el hotel San José Purúa.
께리아 아쎄르 우나스 레세르바씨오네스 빠라 엘 오뗄 산 호세 뿌루아

B : ¿Para qué fecha?
빠라 께 훼차

A : Del 22 al 29 de mayo.
델 베인띠도스 알 베인띠누에베 데 마요

B : ¿Cuántas personas?
꾸안따스 뻬르소나스

A : Dos, Quiero una habitación doble.
도스 끼에로 우나 아비따씨온 도블레

B : ¿La prefiere con cama matrimonial o con individuales?
라 쁘레휘에레 꼰 까마 마뜨리모니알 오 꼰 인디비두알레스

A : Individuales.
인디비두알레스

B: Bien. Tiene que pagar ahora 1.000 pesos que es
비엔 띠에네 께 빠가르 아오라 밀 뻬소스 께 에스

el precio del primer día. El resto lo pagará allá,
엘 쁘레씨오 델 쁘리메르 디아 엘 레스또 로 빠가라 아야

al salir del hotel.
알 살리르 델 오뗄

A : ¿Puedo pagar con tarjeta?
뿌에도 빠가르 꼰 따르헤따

B : Claro que sí.
끌라로 께 시

A : Y, ¿en caso de cancelación o cambio de fecha...?
이 엔 까소 데 깐쎌라씨온 오 깜비오 데 훼차

B : Si cancela con 48 horas de anticipación
시 깐쎌라 꼰 꾸아렌따 이 오초 오라스 데 안띠씨빠씨온

le devolvemos su dinero aquí mismo, en esta oficina.
레 데볼베모스 수 디네로 아끼 미스모 엔 에스따 오휘씨나

En caso de que no nos avise usted y no llegue
엔 까소 데 께 노 노스 아비세 우스뗃 이 노 예게

al hotel el día 18, pierde este dinero y
알 오뗄 엘 디아 디에씨오초 삐에르데 에스떼 디네로 이

cancelamos su reservación. (1)
깐쎌라모스 수 레세르바씨온

A : Muchas gracias, señorita.
무차스 그라씨아스 세뇨리따

B : Para servirle.
빠라 세르비를레

(이 표현은 서비스업에 종사하는 사람들이 주로 사용하는 Estoy para servirle의 짧은 표현으로 직역을 하면 '나는 당신에게 봉사하기 위해 있다'라는 의미이다)

A : 안녕하세요? 아가씨.
B : 안녕하세요. 말씀하세요.
A : 산호세 뿌루아 호텔에 예약을 하고 싶은데요.
B : 날짜는요?

A : 5월 22일부터 29일까지요.
B : 몇 명인가요?
A : 두 사람이요. 더블 룸을 원해요.
B : 이인용 침대를 원하세요, 일인용 침대를 원하세요?
A : 일인용 침대요.
B : 좋아요. 첫날 가격인 1000뻬소를 지금 내셔야합니다. 나머지는 호텔을 나가실 때 내시면 됩니다.
A : 카드로 계산해도 되나요?
B : 물론이지요.
A : 그런데, 취소하거나 날짜를 변경할 경우에는요..?
B : 48시간 전에 취소를 하시면 여기 이 사무실에서 돈을 돌려드립니다. 저희에게 알려주지 않고 호텔에 18일에 도착하지 않을 경우에는 돈을 돌려드리지 않고 예약도 취소합니다.
A : 감사합니다. 아가씨.
B : 아닙니다.

문법한토막

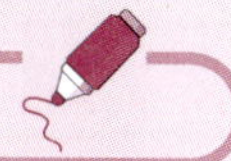

(1) 접속법

스페인어 동사의 사용법에는 3가지가 있다. 직설법, 접속법과 명령법이다. 직설법이 객관적 사실을 말하는 방법이라면 접속법은 주관적 사실을 말하는 용법이다. 아래 두 문장을 비교해보자.

1. Creo que la puerta está cerrada. 나는 문이 닫혀있다고 생각한다.
2. Temo que la puerta esté cerrada. 나는 문이 닫혀있을까 걱정이다.

두 문장 모두 주절과 종속절로 구성되어 있으나 1번은 종속절에서 직설법 동사가 쓰였고 2번은 접속법이 사용되었다. 1번 문장은 문이 닫혀 있는 것이 객관적인 사실이며 말하는 사람의 확신인 반면 2번은 문이 닫혀 있는 것이 객관적인 사실이 아니며 말하는 사람의 걱정 속에 있는 것이다. 이와 같이 말하는 사람의 원망, 걱정, 강요, 명령, 희망, 가정 등에 담긴 주관적 내용은 접속법을 사용한다. 위의 '말해봅시다'의 예문처럼 En caso de que no nos avise y no llegue al hotel...아직 일어나지 않은 사실을 가정하는 경우에도 접속법을 쓴다.

Unidad 15.

업무중입니다

"알아둡시다"

지배인과 약속이 있어요.

Tengo una cita con el director.
뗑고 우나 씨따 꼰 엘 디렉또르

저는 에델 주식회사 소속입니다.

Soy de Edel S.A.
소이 데 에델 에세 아

여기 제 명함이 있어요.

Aquí está mi tarjeta.
아끼 에스따 미 따르헤따

만나주셔서 감사합니다.

Es muy amable en recibirme.
에스 무이 아마블레 엔 레씨비르메

당신에게 저희 카탈로그를 보여드릴까요?

¿Puedo enseñarle nuestro catálogo?
뿌에도 엔세냐를레 누에스뜨로 까딸로고

견본들을 볼 수 있나요?

¿Podría ver las muestras?
뽀드리아 베르 라스 무에스뜨라스

저희 회사는 니트 종류를 만듭니다.

Mi compañía confecciona géneros de punto.
미 꼼빠니아 꼰훽씨오나 헤네로스 데 뿐또

저희는 대리점들을 찾고 있습니다.

Buscamos representantes.
부스까모스 레쁘레센딴떼스

저희 도매가격은 목록에 있습니다.

Nuestros precios de venta al por mayor están en la lista.
누에스뜨로스 쁘레씨오스 데 벤따 알 뽀르 마요르 에스딴 엔 라 리스따

소매로도 파시나요?

¿Venden también al por menor?
벤덴 땀비엔 알 뽀르 메노르

주문 양이 많으면 특별 할인이 있습니다.

Hay un descuento especial por grandes cantidades.
아이 운 데스꾸엔또 에스뻬씨알 뽀르 그란데스 깐띠다데스

4주 안에 보내드리겠습니다.

La entrega está dentro de cuatro semanas.
라 엔뜨레가 에스따 덴뜨로 데 꾸아뜨로 세마나스

당신들 생산물을 보고 싶습니다.

Quisiera ver sus productos.
끼시에라 베르 수스 쁘로둑또스

도시에 전시실이 있나요?

¿Tiene una sala de exposición en la ciudad?
떼에네 우나 살라 데 엑스뽀시씨온 엔 라 씨우닫

사업 기간은 어느 것인가요?

¿Cuál es su plazo de negocios?
꾸알 에르 수 쁠라소 데 네고씨오스

이미 우리나라에 대리점이 있나요?

¿Tiene ya representantes en mi país?
띠에네 야 레쁘레센딴떼스 엔 미 빠이스

이 모델에 수정을 할 수 있나요?

¿Puede hacer modificaciones en este modelo?
뿌에데 아쎄르 모디휘까씨오네스 엔 에스떼 모델로

제가 견본을 가져갈 수 있나요?

¿Puedo llevarme unas muestras?
뿌에도 예바르메 우나스 무에스뜨라스

지금 주문하겠습니다.

Le haré un pedido ahora.
레 아레 운 뻬디도 아오라

포장과 선박수송을 맡아줄 수 있나요?

¿Puede ocuparse del embalaje y transporte en barco?
뿌에데 오꾸빠르세 델 엠발라헤 이 뜨란스뽀르떼 엔 바르꼬

Unidad 15.

업무중입니다

"말해봅시다"

A : Disculpe, señor. ¿Quién es la persona encargada
디스꿀뻬 세뇨르 끼엔 에스 라 뻬르소나 엔까르가다

de toallas?
데 또아야스

B : ¿Qué se le ofrece?
께 세 레 오후레쎄

A : Hablar con él personalmente.
아블라르 꼰 엘 뻬르소날멘떼

B : El señor no recibe sin previa cita. Dígame en qué
엘 세뇨르 노 레씨베 신 쁘레비아 씨따 디가메 엔 께

puedo servirle. (1)
뿌에도 세르비를레

A : La semana pasada compré toallas aquí y mire
라 세마나 빠사다 꼼쁘레 또아야스 아끼 이 미레

cómo se me hicieron al lavarlas.
꼬모 세 메 이씨에론 알 라바를라스

B : ¡Qué raro! Hemos vendido muchas y no habíamos
께 라로 에모스 벤디도 무차스 이 노 아비아모스

tenido ningúna queja. ¿Cómo las lavó?
떼니도 닝구나 께하 꼬모 라스 라보

A : En la lavadora, tal como dice la etiqueta. Cuando
엔 라 라바도라 딸 꼬모 디쎄 라 에띠께따 꾸안도

las saqué me di cuenta de que se habían
라스 사께 메 디 꾸엔따 데 께 세 아비안

encogido y decolorado.
엔꼬히도 이 데꼴로라도

B : Pues de veras, es raro. ¿Tiene usted el recibo?
뿌에스 데 베라스 에스 라로 띠에네 우스뗃 엘 레씨보

A : Claro que sí.
끌라로 께 시

B : Permítame. Voy a tomar nota y le diré al señor encargado.
뻬르미따메 보이 아 또마르 노따 이 레 디레 알 세뇨르 엔까르가도

A : Muchas gracias, señor.
무차스 그라씨아스 세뇨르

B : De nada, señora.
데 나다 세뇨라

A : 실례합니다. 수건 담당이 누구입니까?
B : 무슨 일이신데요?
A : 담당자에게 개인적으로 말하겠어요.
B : 사전 약속이 없으면 곤란합니다. 무슨 일인지 제게 말씀해주세요.
A : 지난주에 여기서 수건을 샀는데 빨고 나서 어떻게 되었는지 좀 보세요.
B : 이상하네요. 저희가 많이 팔았는데 지금까지 불량품 신고는 없었어요. 어떻게 빠셨어요?
A : 설명서에 있는 대로 세탁기에 빨았어요. 꺼냈더니 줄어들었고 탈색되었어요.
B : 정말 이상합니다. 영수증이 있으세요?
A : 물론이지요.
B : 이리주세요. 제가 메모해 놓고 담당자에게 말하겠어요.
A : 고마워요, 아저씨.
B : 천만에요. 부인.

문법한토막

(1) 명령법

명령법은 말 그대로 명령할 때 쓰이는 동사의 용법이다. 동사변화형은 긍정명령형일 때, 2인칭 명령형은 직설법 3인칭 단수변화형과 같고 부정명령형은 접속법 2인칭 변화형 앞에 no를 붙인다. 3인칭인 Usted에 대한 명령형은 접속법 3인칭 동사변화와 같다. 목적 대명사와 함께 올 경우 부정명령문에서는 no와 동사 사이에 위치시키지만 긍정명령형일 경우 동사와 붙여서 쓴다. 즉 '나에게 말해라'라는 표현은 decir(말하다)의 2인칭 명령 불규칙형태인 di를 붙여서 "dime."라고 말한다. 대명사가 붙음으로써 액센트의 위치가 바뀔 우려가 있는 경우 명령형 동사 원래의 액센트 자리에 액센트 부호를 찍는다. 말하다의 3인칭 명령형인 diga에 me를 붙인 경우 dígame가 된다. 부정 명령이 되는 경우는 2인칭은 No me digas, 3인칭의 경우는 No me diga이다.

Unidad 16.

외출할까?

"알아둡시다"

누구 기다리니?

¿Esperas a alguien?
에스뻬라스 아 알기엔

오늘 밤 약속있어요?

¿Tienen plan esta noche?
띠에넨 쁠란 에스따 노체

우리 어디 가서 커피 한 잔 할까?

¿Podemos tomar café en algún sitio?
뽀데모스 또마르 까훼 엔 알군 시띠오

술 한 잔 안할래요?

¿No quieres una copa?
노 끼에레스 우나 꼬빠

저와 외출하시겠어요?

¿Quieres salir conmigo?
끼에레스 살리르 꼰미고

우리 춤추러 갈까요?

¿Quieres que vayamos a bailar?
끼에레스 께 바야모스 아 바일라르

드라이브를 할까요?

¿Damos un paseo en coche?
다모스 운 빠세오 엔 꼬체

좋은 디스코텍이 어디인지 아니?

¿Sabes cuál es una buena discoteca?
사베스 꾸알 에스 우나 부에나 디스꼬떼까

저녁 먹으러 올 수 있어?

¿Puedes venir a cenar?
뿌에데스 베니르 아 쎄나르

파티가 있는데 올래?

Hay una fiesta. ¿Quieres venir?
아이 우나 휘에스따 끼에레스 베니르

친구랑 가도 돼?

¿Puedo ir con un amigo?
뿌에도 이르 꼰 운 아미고

초대해줘서 고마워.

Gracias por la invitación.
그라씨아스 뽀르 라 인비따씨온

어디서 만날까?

¿Dónde nos encontramos?
돈데 노스 엔꼰뜨라모스

몇 시에 올까?

¿A qué hora vengo?
아 께 오라 벵고

8시에 그녀를 데리러 그녀의 집으로 갈 수 있어요.

Puedo recogerla en su casa a las ocho.
뿌에도 레꼬헤를라 엔 수 까사 아 라스 오초

도서관 문 앞으로 7시에 나를 데리러 올 수 있어?

¿Puedes recogerme a las siete a la puerta
뿌에데스 레꼬헤르메 아 라스 시에떼 아 라 뿌에르따

de la biblioteca?
데 라 비블리오떼까

몇 시에 돌아가야 해?

¿A qué hora tienes que volver?
아 께 오라 띠에네스 께 볼베르

너와 함께 가도 될까?

¿Puedo acompañarte?
뿌에도 아꼼빠냐르떼

우리가 네 호텔까지 차로 데려다 줄 수 있어?

¿Podemos llevarte en el coche a tu hotel?
뽀데모스 예바르떼 엔 엘 꼬체 아 뚜 오뗄

다시 너를 볼 수 있어?

¿Puedo verte de nuevo?
뿌에도 베르떼 데 누에보

어디 사니?

¿Dónde vives?
돈데 비베스

네 전화번호는 뭐야?

¿Cuál es tu teléfono?
꾸알 에스 뚜 뗄레훠노

감사했습니다.

Ha sido muy amable.
아 시도 무이 아마블레

함께 이야기해서 즐거웠어요.

Ha sido muy agradable charlar contigo.
아 시도 무이 아그라다블레 차를라르 꼰띠고

곧 다시 만나기를 바랍니다.

Espero verte pronto.
에스뻬로 베르떼 쁘론또

Unidad 16.

외출할까?

"말해봅시다"

A : Oye, el viernes 19 vamos a hacer una
오예 엘 비에르네스 디에씨누에베 바모스 아 아쎄르 우나

reunión en la casa de Pedro y queremos invitarte.
레우니온 엔 라 까사 데 뻬드로 이 께레모스 인비따르떼

B : Ah, mil gracias. ¿Cuál es el motivo de la reunión?
아 밀 그라씨아스 꾸알 에스 엘 모띠보 데 라 레우니온

A : Ninguno en particular. Es sólo como una convivencia.
닝구노 엔 빠르띠꿀라르 에스 솔로 꼬모 우나 꼰비벤씨아

B : ¡Qué bien! Me gusta la idea.
께 비엔 메 구스따 라 이데아

A : ¿Puedes ir?
뿌에데스 이르

B : Claro. Con mucho gusto. ¿Quieren que lleve algo?
끌라로 꼰 무초 구스또 끼에렌 께 예베 알고

A : De ninguna manera. Tú eres nuestra invitada.
데 닝구나 마네라 뚜 에레스 누에스뜨라 인비따다

B : Entonces, ¿podrías recogerme en el hotel?
엔똔쎄스 뽀드리아스 레꼬헤르메 엔 엘 오뗄

A : Cómo no. Te veo a las siete en el lobby.
꼬모 노 떼 베오 아 라스 시에떼 엔 엘 로비

B : Perfecto. Gracias por la invitación.
뻬르훽또 그라씨아스 뽀르 라 인비따씨온

A : ¿Tienes algún plan para esta noche?
띠에네스 알군 쁠란 빠라 에스따 노체

B : No, ninguno.
노 닝구노

A : Entonces, ¿podemos cenar en algún sitio?
엔똔쎄스 뽀데모스 쎄나르 엔 알군 시띠오

B : Sí, con todo gusto.
시 꼰 또도 구스또

A : 우리는 19일 금요일 뻬드로의 집에서 모일 건데 너도 왔으면 좋겠어.
B : 아, 고마워. 무슨 일로 모이는 거야?
A : 특별한 것은 없어. 그냥 친목모임이지.
B : 잘 되었구나. 아이디어가 맘에 들어.
A : 갈 수 있니?
B : 그럼. 기꺼이. 뭐 가져갈까?
A : 아니야. 너는 손님이야.
B : 그러면 호텔로 나를 데리러 올 수 있니?
A : 그럼. 호텔 로비에서 7시에 보자.
B : 알았어. 초대해줘서 고마워.
A : 오늘 밤에 약속 있어?
B : 아니. 아무것도 없어.
A : 그럼 어디 가서 저녁이나 먹을까?
B : 그래 좋아.

Unidad 17.

비행기 타기

"알아둡시다"

저는 항공사에 가기를 원합니다.

Quiero ir a la oficina de la línea aérea.
끼에로 이르 아 라 오휘씨나 데 라 리네아 아에레아

멕시코행 비행기가 있나요?

¿Hay algún vuelo a México?
아이 알군 부엘로 아 메히꼬

샌디에고 가는 야간비행기가 있나요?

¿Hay vuelos nocturnos a San Diego?
아이 부엘로스 녹뚜르노스 아 산 디에고

앞자리를 예약할 수 있나요?

¿Puede reservar un asiento delantero?
뿌에데 레세르바르 운 아시엔또 델란떼로

창문 옆자리를 원합니다.

Quiero un asiento junto a la ventana.
끼에로 운 아시엔또 훈또 아 라 벤따나

비행기는 몇 시에 출발인가요?

¿A qué hora sale el avión?
아 께 오라 살레 엘 아비온

얼마 만에 도착하나요?

¿En cuánto tiempo se llega?
엔 꾸안또 띠엠뽀 세 예가

몇 시에 도착하나요?

¿A qué hora llega?
아 께 오라 예가

다음 비행기는 몇 시에 있나요?

¿A qué hora es el próximo avión?
아 께 오라 에스 엘 쁘록시모 아비온

공항으로 가는 버스가 있나요?

¿Hay autobús al aeropuerto?
아이 아우또부스 알 아에로뿌에르또

몇 시까지 가 있어야 하나요?

¿A qué hora hay que presentarse?
아 께 오라 아이 께 쁘레센따르세

마드리드행 예약을 취소하고 싶어요.

Quiero anular mi reserva para Madrid.
끼에로 아눌라르 미 레세르바 빠라 마드릳

일본행 예약을 변경하고 싶어요.

Quiero cambiar mi reserva para Japón.
끼에로 깜비아르 미 레세르바 빠라 하뽄

비행기 번호가 무엇입니까?

¿Cuál es el número de vuelo?
꾸알 에스 엘 누메로 데 부엘로

Unidad 17.

비행기 타기

"말해봅시다"

A : Hemos tenido un vuelo magnífico, ¿verdad?
에모스 떼니도 운 부엘로 마그니휘꼬 베르닫

B : ¿Cómo?
꼬모

A : Decía que el vuelo está muy bien, ¿no?
데씨아 께 엘 부엘로 에스따 무이 비엔 노

B : Sí, supongo que sí.
시 수뽕고 께 시

A : Es muy agradable viajar, ¿no? ¿Usted va de negocios o de vacaciones?
에스 무이 아그라다블레 비아하르 노 우스뗀 바 데 네고씨오스 오 데 바까씨오네스

B : ...

A : Ah.. pues yo, como le decía (1) ... voy a Nueva York a encontrarme con mi esposa que está allí ... y ... pues, ¡ah!, comentábamos que es agradable viajar, conocer el mundo, hacer nuevos amigos ... ¿no le parece?
아 뿌에스 요 꼬모 레 데씨아 보이 아 누에바 요르끄 아 엔꼰뜨라르메 꼰 미 에스뽀사 께 에스따 아이 이 뿌에스 아 꼬멘따바모스 께 에스 아그라다블레 비아하르 꼬노쎄르 엘 문도 아쎄르 누에보스 아미고스 노 레 빠레쎄

B : Hhm...
음

A : Sí, claro. Ya decía yo que íbamos a hacer un buen
시 끌라로 야 데씨아 요 께 이바모스 아 아쎄르 운 부엔

viaje, platicando y ... bueno ... ¿no le gusta una copa?
비아헤 쁠라띠깐도 이 부에노 노 레 구스따 우나 꼬빠

B : Gracias.
그라씨아스

A : ¿Gracias sí o gracias no?
그라씨아스 시 오 그라씨아스 노

B : No. ¿Quiere hacerme el favor de dejarme leer el periódico en paz?
노 끼에레 아쎄르메 엘 화보르 데 데하르메 레에르 엘 뻬리오디꼬 엔 빠스

A : Ah, ¡qué barbaridad! Si estábamos platicando...
아 께 바르바리닫 시 에스따바모스 쁠라띠깐도

B : No, señor. Estaba platicando usted solo. Perdone, pero ahora me voy a dormir.
노 세뇨르 에스따바 쁠라띠깐도 우스뗀 솔로 뻬르도네 뻬로 아오라 메 보이 아 도르미르

A : Mmh...
음

A : 이 비행기가 근사하지요? 그렇지요?
B : 뭐라고요?
A : 비행기가 멋있다고 그랬어요. 그렇지요?
B : 그런 것 같군요.
A : 여행하는 것은 즐거워요. 당신은 사업상 여행인가요, 휴가인가요?
B : ...
A : 아, 저는 이미 말했듯이 뉴욕에 있는 아내를 보러가요... 저기. 아! 여행하는 것이 즐겁다고 말하고 있었지요. 세상을 알게 되고 새로운 친구를 사귀고...안 그래요?
B : 음...
A : 아! 그래요. 우리 여행이 즐거울 거라고 말했지요...대화를 하면서...그런데...한 잔 하시겠어요?

B : 안하겠어요. 그리고 제가 조용히 신문을 읽도록 놔두시겠어요?
A : 아, 저런! 우리가 이야기하고 있었는데...
B : 아니지요, 선생님. 선생님 혼자 말씀하고 계셨지요. 죄송하지만 저는 자야겠어요.
A : 음

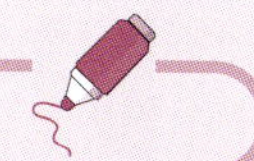

문법한토막

(1) 직설법 과거시제

스페인어의 직설법과거시제는 4가지이다. 부정과거(hablé), 불완료과거(hablaba), 완료과거(he hablado), 대과거(había hablado)이다.

부정과거는 동사의 행위가 과거 일정시점에 일어나고 끝난 것을 표현하는 반면 불완료과거는 동사의 행위가 과거 일정기간 지속되거나 반복된 것을 나타낸다. 즉 Cuando salía de casa, sonó el teléfono.(집에서 나올 때 전화가 울렸다.)라는 문장에서 salía는 나오고 있는 행동의 지속의 느낌을 전달하며 sonó는 나오는 동안 일정 시점에 전화벨이 울렸다는 것을 나타낸다. 완료과거는 과거시제 중에서 현재와 가까운 또는 관련이 있는 과거이다. Ayer estudié mucho, pero hoy no he estudiado.(어제는 열심히 공부했지만 오늘은 공부하지 않았다.) 어제의 일은 이미 끝난 행동이지만 오늘은 과거이지만 현재와 가까운 과거이므로 완료과거형태의 동사를 썼다. 대과거는 과거에 일어난 두 가지 행동의 선후관계를 표현할 때 사용한다. 즉 Me comentó que había mudado.(이사 갔다고 내게 말했다.)라는 문장에서 이사 간 것과 말한 것 모두 과거에 일어난 사건인데 말한 것보다 이사 간 것이 더 과거이므로 대과거로 쓴다.

Unidad 18.

아파요

"알아둡시다"

(나는) 의사를 만나고 싶어요.

Deseo ver a un doctor.
데세오 베르 아 운 독또르

(제가) 몸이 안 좋아요.

No me siento bien.
노 메 시엔또 비엔

(저는) 아파요.

Estoy enfermo(a). (1)
에스또이 엔훼르모(마)

(제가) 잘 못자요.

No duermo bien.
노 두에르모 비엔

(나는) 머리가 아파요.

Tengo dolor de cabeza.
뗑고 돌로르 데 까베사

(나는) 배가 아파요.

Me duele el estómago. (2)
메 두엘레 엘 에스또마고

(나는) 오한이 나요.

Tengo escalofríos.
뗑고 에스깔로후리오스

(제가) 누워있어야 하나요?

¿Tengo que guardar cama?
뗑고 께 구아르다르 까마

(그가/그녀가/당신이) 열이 있나요?

¿Tiene fiebre?
띠에네 휘에브레

(제가) 병원에 가야하나요?

¿Tengo que ir al hospital?
뗑고 께 이르 알 오스삐딸

(제가) 일어날 수 있나요?

¿Puedo levantarme?
뿌에도 레반따르메

(제가) 나아진 것 같아요.

Me siento mejor.
메 시엔또 메호르

제가 언제 나아질거라 생각하세요?

¿Cuándo cree que me sentiré mejor?
꾸안도 끄레에 께 메 센띠레 메호르

어디 좋은 치과의사 없나요?

¿Dónde hay un buen dentista?
돈데 아이 운 부엔 덴띠스따

저는 이 이가 아파요.

Me duele este diente.
메 두엘레 에스떼 디엔떼

저는 이가 하나 부러졌어요.

Me rompí un diente.
메 롬삐 운 디엔떼

저는 이를 뽑기 싫어요.

No deseo que lo saque.
노 데세오 께 로 사께

(제가) 어지러워요.

Me mareo.
메 마레오

어디 영어가 통하는 약국이 있나요?

¿Dónde hay una farmacia donde se hable inglés?
돈데 아이 우나 화르마씨아 돈데 세 아블레 잉글레스

이 처방대로 지어주실 수 있나요?

¿Puede prepararme esta receta?
뿌에데 쁘레빠라르메 에스따 레쎄따

얼마나 걸려요?

¿Cuánto tiempo tardará?
꾸안또 띠엠뽀 따르다라

Unidad 18.

아파요

"말해봅시다"

01

A : ¿Por qué no fuiste a la escuela?
뽀르 께 노 후이스떼 아 라 에스꾸엘라

B : Me siento muy mal. Me duele mucho la cabeza y tengo escalofríos.
메 시엔또 무이 말 메 두엘레 무초 라 까베사 이 뗑고 에스깔로후리오스

A : ¿Por qué no te acuestas?
뽀르 께 노 떼 아꾸에스따스

B : Es que tengo que terminar la tarea hasta mañana. Acabo de tomar unas pastillas y espero que se me quite pronto el dolor.
에스 께 뗑고 께 떼르미나르 라 따레아 아스따 마냐나 아까보 데 또마르 우나스 빠스띠야스 이 에스뻬로 께 세 메 끼떼 쁘론또 엘 돌로르

A : 왜 학교 안 갔니?
B : 몸이 안 좋아요. 머리가 아프고 오한이 나요.
A : 잠을 좀 자지 그래?
B : 내일까지 이 숙제를 끝내야 해요. 지금 막 약을 먹었으니 곧 통증이 없어지길 바래요.

02

A : Me duele mucho la muela. ¿Dónde hay un buen dentista?
메 두엘레 무초 라 무엘라 돈데 아이 운 부엔 덴띠스따

B : Conozco a uno en la calle Bolívar. Si quiere, le
꼬노스꼬 아 우노 엔 라 까예 볼리바르 시 끼에레 레

podré dar su teléfono.
뽀드레 다르 수 뗄레훠노

A : Tengo miedo de que la saque. Voy a aguantarlo
뗑고 미에도 데 께 라 사께 보이 아 아구안따를로

una noche más y si sigue el dolor, entonces le
우나 노체 마스 이 시 시게 엘 돌로르 엔똔쎄스 레

pedirė los datos.
뻬디레 로스 다또스

A : 어금니가 너무 아파요. 좋은 치과의사가 어디 있나요?
B : 볼리바르가에 있는 치과를 아는데요. 원한다면 전화번호를 줄 수 있어요.
A : 뽑을까봐 겁이 나요. 하룻밤 참아보고 계속 아프면 달라고 할게요.

03

A : ¿Qué te pasa, Tere? Hace días que te veo mala
께 떼 빠사 떼레 아쎄 디아스 께 떼 베오 말라

cara. ¿No te sientes bien?
까라 노 떼 시엔떼스 비엔

B : Ay, pues, no sé bien qué me pasa. ¿Recuerdas
아이 뿌에스 노 세 비엔 께 메 빠사 레꾸에르다스

que me operaron hace como un año? Creo que
께 메 오뻬라론 아쎄 꼬모 운 아뇨 끄레오 께

desde entonces no estoy bien.
데스데 엔똔쎄스 노 에스또이 비엔

Constantemente pienso que me voy a volver a
꼰스딴떼멘떼 삐엔소 께 메 보이 아 볼베르 아

enfermar, que no quedé bien. Fíjate, tengo dolores
엔훼르마르 께 노 께데 비엔 휘하떼 뗑고 돌로레스

de cabeza que antes no tenía, tengo insomnio,
데 까베사 께 안떼스 노 떼니아 뗑고 인솜니오

estoy deprimida...
에스또이 데쁘리미다

A : ¿Has visto al doctor?
아스 비스또 알 독또르

B : Por supuesto. Me aseguró que no tenía nada,
뽀르 수뿌에스또 메 아세구로 께 노 떼니아 나다

que tratara de no pensar en eso.
께 뜨라따라 데 노 뻰사르 엔 에소

A : Yo creo lo mismo. ¿Por qué no intentas hacer
요 끄레오 로 미스모 뽀르 께 노 인뗀따스 아쎄르

algo nuevo?
알고 누에보

B : Pero no es fácil.
뻬로 노 에스 화씰

A : 떼레, 무슨 일이야? 며칠 째 인색이 안 좋아. 몸이 안 좋니?
B : 아이고, 나도 잘 모르겠어. 일 년 전에 나 수술한 거 알지? 그 때부터 좋지 않은 것 같아. 수술이 잘 안 되서 내가 다시 아플 것 같다는 생각이 계속 들어. 있지.. 전에는 없었던 두통이 심하고, 불면증에 우울감도 있고...
A : 의사에게 가 보았어?
B : 물론이지. 아무 이상도 없다고 그런 생각을 하지 말라고 해.
A : 내 생각도 그래. 새로운 것을 해보지 그래?
B : 근데 쉽지 않아.

문법한토막

(1) Estoy enfermo(a).

스페인어 명사는 성(性)의 구별이 있다. el padre(아버지), la madre(어머니)같은 자연성에 따르는 것 외의 명사는 el libro(책), la casa(집)과 같이 단어를 암기할 때 그 단어의 성별을 함께 암기해야 한다. 명사의 성 구분에 따라 형용사도 성을 일치시켜 주어야하는 경우가 많다. 위의 예에서 enfermo 같이 'o'로 끝나는 형용사는 -o를 -a로 바꾸어 주면 여성형이 된다. 주어가 남성이면 enfermo, 여성이면 enferma로 주어의 성에 맞추어서 말해야 한다.

(2) Me duele el estómago.

doler 동사도 gustar 동사와 같이 간접목적어가 의미상의 주어역할을 하는 동사이다. encantar, parecer 동사들도 같은 종류이다.

Me duele la cabeza. 나는 머리가 아프다.

Te encanta jugar el tenis. 너는 테니스 하는 것을 좋아한다.

¿Le parece bien dormir aquí?

(당신은/그녀는/ 그 남자는 여기에서 자는 것이 마음에 드세요?)

Unidad 19.

소개해 주세요

"알아둡시다"

이름이 뭐예요?

¿Cómo se llama Ud?/¿Cómo te llamas?
꼬모 세 야마 우스뗀 / 꼬모 떼 야마스

¿Cuál es su(tu) nombre?
꾸알 에스 수(뚜) 놈브레

저는 하이메예요.

Me llamo Jaime.
메 야모 하이메

저는 멕시코 사람이에요.

Soy mexicano.
소이 메히까노

25세예요.

Tengo veinticinco años.
뗑고 베인띠씽꼬 아뇨스

곤살레스씨를 소개하겠어요.

Permítame presentar al señor González.
뻬르미따메 쁘레센따르 알 세뇨르 곤살레스

메사부인에게 제가 소개를 해도 될까요.

¿Me permites presentar a la señora Meza?
메 뻬르미떼스 쁘레센따르 아 라 세뇨라 메사

당신에게 제 친구 까를로스를 소개하고 싶어요.

Quisiera presentarle a mi amigo Carlos.
끼시에라 쁘레센따를레 아 미 아미고 까를로스

제 소개를 하겠습니다.

Permítame que me presente.
뻬르미따메 께 메 쁘레센떼

당신에게 제 친구 하이메를 소개합니다.

Le presento a mi amigo Jaime.
레 쁘레센또 아 미 아미고 하이메

만나서 반갑습니다.

Me alegro de conocerla. (1) (상대방이 여자임)
메 알레그로 데 꼬노세를라

Encantado de conocerlo. (두 사람 모두 남자)
엔깐따도 데 꼬노세를로

너를 만나서 반갑다.

Encantada de conocerte. (말하는 사람이 여자)
엔깐따다 데 꼬노세르떼

만나서 반갑습니다.

Mucho gusto (en conocerlo). (2)
무초 구스또 (엔 꼬노세를로)

저도 반갑습니다.

El gusto es mío.
엘 구스또 에스 미오

어서오세요.

Bienvenido / bienvenida. (또는 환영합니다. 남자/여자)
비엔베니도 비엔베니다

Unidad 19.

소개해 주세요

"말해봅시다"

01

A : Buenos días y bienvenido. Encantada de conocerle.
부에노스 디아스 이 비엔베니도 엔깐따다 데 꼬노세를레

B : Encantado de conocerla, también.
엔깐따도 데 꼬노세를라 땀비엔

A : Me llamo Marisa Olga. Estoy para servirle. ¡Ah,
메 야모 마리사 올가 에스또이 빠라 세르비를레 아
perdón! Le presento a mi amigo Jaime. También
뻬르돈 레 쁘레센또 아 미 아미고 하이메 땀비엔
es mexicano.
에스 메히까노

C : Mucho gusto. ¿De qué parte de México es?
무초 구스또 데 께 빠르떼 데 메히꼬 에스

B : Soy del D.F., pero mis padres son españoles
소이 델 데에훼 뻬로 미스 빠드르데스 손 에스빠뇰레스

C : Soy de Guadalajara. Bueno, los dejo porque me
소이 데 구아달라하라 부에노 로스 데호 뽀르께 메
voy a trabajar.
보이 아 뜨라바하르

A : Adiós. Jaime. Ahora lo llevo al hotel y luego lo
아디오스 하이메 아오라 로 예보 알 오뗄 이 루에고 로
recojo a las dos. ¿Le parece?
레꼬호 아 라스 도스 레 빠레쎄

B : ¡Perdón! ¿Puede repetir, por favor?
뻬르돈 뿌에데 레뻬띠르 뽀르 화보르

A : Esta tarde lo recojo, a las dos.
에스따 따르데 로 레꼬호 아 라스 도스

A : 안녕하세요? 어서 오세요. 만나서 반갑습니다.
B : 저 역시 반갑습니다.
A : 저는 마리사 올가입니다. 뭘 도와 드릴까요? 아! 죄송합니다. 제 친구 하이메를 소개합니다. 역시 멕시코 사람입니다.
C : 반갑습니다. 멕시코 어느 지방 출신이세요?
B : 저는 멕시코시티 출신이지만 제 부모님은 스페인 출신입니다.
C : 저는 과달라하라 사람이에요. 자 그럼 저는 일하러 가겠습니다.
A : 하이메 안녕! 지금 당신을 호텔에 모셔다 드리고 2시에 다시 모시러 가겠습니다. 괜찮으세요?
B : 죄송합니다. 다시 말씀해주세요.
A : 오늘 오후 2시에 당신을 모시러 온다고요.

02

A : Doctor Kim, ¿me permite presentarle a la maestra Romero?
독또르 낌 메 뻬르미떼 쁘레센따를레 아 라 마에스뜨라 로메로

B : ¡Ay! Ya había oído que estaba usted aquí. Me da mucho gusto conocerla.
아이 야 아비아 오이도 께 에스따바 우스뗀 아끼 메 다 무초 구스또 꼬노쎄를라

C : El gusto es mío, doctor.
엘 구스또 에스 미오 독또르

B : ¿Viene por mucho tiempo?
비에네 뽀르 무초 띠엠뽀

C : No, desafortunadamente sólo vengo por cuatro días.
노 데사훠르뚜나다멘떼 솔로 벵고 뽀르 꾸아뜨로 디아스

B : ¡Qué lástima! Me hubiera gustado enseñarle los diferentes departamentos de la Universidad.
께 라스띠마 메 우비에라 구스따도 엔세냐를레 로스 디훼렌떼스 데빠르따멘또스 데 라 우니베르시닫

C : Yo también lo siento pero tengo compromisos de
요 땀비엔 로 시엔또 뻬로 뗑고 꼼쁘로미소스 데

trabajo en México.
뜨라바호 엔 메히꼬

B : Bueno, pues, ha sido un placer, maestra.
부에노 뿌에스 아 시도 운 쁠라쎄르 마에스뜨라

C : Gracias, doctor. Encantada de haberlo conocido.
그라씨아스 독또르 엔깐따다 데 아베를로 꼬노씨도

A : 김 박사님, 로메로 선생님을 소개합니다.
B : 이미 여기 계시다는 소식을 들었습니다. 만나 뵙게 되서 반갑습니다.
C : 저도 반갑습니다.
B : 오래 계실건가요?
C : 아니요. 불행히도 4일간만 있을 겁니다.
B : 유감이군요. 당신에게 대학의 서로 다른 학과들을 소개하고 싶었는데요.
C : 저 역시 유감이예요. 그러나 멕시코에서 일할 예정이예요.
B : 좋아요. 만나뵈서 반가웠습니다.
C : 감사합니다. 박사님. 만나서 반가웠습니다.

문법한토막

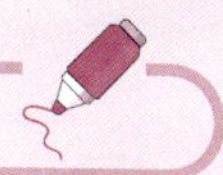

(1) Me alegro de conocerla.

Endantado는 (만나서) 반갑다는 의미의 형용사이므로 말하는 사람의 성에 맞추어준다. 남자가 말할 경우는 남성형인 'encantado en conocerle.'라고 해야하고 여성인 경우는 'encantada de conocerlo'라고 해야한다.

(2) Mucho gusto (en conocerlo).

Mucho gusto라는 표현 역시 '만나서 반갑다.'는 의미인데 여기서 gusto는 '즐거움'이라는 의미의 남성 명사이므로 말하는 사람의 성별에 관계없이 'Mucho gusto'라고 표현한다.

Unidad 20.

사고가 났네요

"알아둡시다"

사고가 있었어요.

Hubo un accidente.
우보 운 악씨덴떼

의사를 부르세요.

Llame a un doctor.
야메 아 운 독또르

구급차를 부르세요.

Mande buscar una ambulancia.
만데 부스까르 우나 암불란씨아

담요들을 좀 가져오세요.

Por favor, traiga unas frazadas.
뽀르 화보르 뜨라이가 우나스 후라사다스

(그가/그녀가/당신이) (심하게) 다쳤어요.

Está (gravemente) herido.
에스따 (그라베멘떼) 에리도

그를 싣도록 도와주세요.

Ayúdeme a cargarlo.
아유데메 아 까르가를로

충돌했어요.

Fue atropellado.
후에 아뜨로뻬야도

그녀가 넘어졌어요.

Ella se cayó.
에야 세 까요

제가 의식을 잃어가고 있어요.

Me estoy desmayando.
메 에스또이 데스마얀도

(그가/그녀가/당신이) 골절이 있어요.

Tiene una fractura.
띠에네 우나 후락뚜라

(그가/그녀가/당신이) 손을 데었어요.

Se quemó la mano.
세 께모 라 마노

(그가/그녀가/당신이) 피를 흘려요.

Está sangrando.
에스따 상그란도

(그가/그녀가/당신이) 부었어요.

Está hinchado.
에스따 인차도

제 남편에게 연락해 주세요.

Haga el favor de avisar a mi marido.
아가 엘 화보르 데 아비사르 아 미 마리도

여기 제 신분증이 있어요.

Aquí tiene usted mi carnet de identificación.
아끼 띠에네 우스뗀 미 까르넷 데 이덴띠휘까씨온

Unidad 20.

사고가 났네요

"말해봅시다"

A : ¡Qué barbaridad! ¿Qué le pasó, señora?
께 바르바리닫 께 레 빠소 세뇨라

B : Ay, doctor. Tuve un accidente terrible. Fíjese que me caí de un tercer piso.
아이 독또르 뚜베 운 악씨덴떼 떼리블레 휘헤세 께 메 까이 데 운 떼르쎄르 삐소

A : ¡No! ¿Cómo fue? ¿Estaba usted limpiando los vidrios?
노 꼬모 후에 에스따바 우스뗃 림삐안도 로스 비드리오스

B : ¡No, qué va! Me empujó mi esposo. El pobre tiene carácter y cuando se enoja, pierde completamente el control.
노 께 바 메 엠뿌호 미 에스뽀소 엘 뽀브레 띠에네 까락떼르 이 꾸안도 세 에노하 삐에르데 꼼쁠레따멘떼 엘 꼰뜨롤

A : Ay, ¡qué espanto! Ese hombre debería estar en un manicomio...
아이 께 에스빤또 에세 옴브레 데베리아 에스따르 엔 운 마니꼬미오

B : Claro que no. ¿Qué haría yo sin él?
끌라로 께 노 께 아리아 요 신 엘

A : Pero, señora, es que es peligroso...
뻬로 세뇨라 에스 께 에스 뻴리그로소

B: Lo que usted no sabe doctor es que yo tengo una especie de enfermedad, algo así como 'amor al peligro...'
로 께 우스뗃 노 사베 독또르 에스 께 요 뗑고 우나 에스뻬씨에 데 엔훼르메닫 알고 아시 꼬모 아모르 알 뻴리그로

A : No me diga...
노 메 디가

A : 저런! 부인 무슨 일이예요?
B : 아이고 선생님, 끔찍한 사고를 당했어요. 제가 3층에서 떨어졌답니다.
A : 세상에! 어떻게 된 거예요. 유리를 닦고 있었나요?
B : 천만에요. 아니예요. 내 남편이 밀었어요. 그 사람은 성질이 불같아서 화가 나면 이성을 잃어요.
A : 아이고, 끔찍하네요. 그 사람은 정신병원에 가야겠네요...
B : 안되지요. 그 사람 없으면 저는 어쩌구요.
A : 그러나 부인. 너무 위험해요.
B : 선생님, 당신이 모르는 것이 있는데요, 저는 '위험을 사랑하는 병'이라고 할 수 있는 일종의 병이 있어요.
A : 그럴리가...

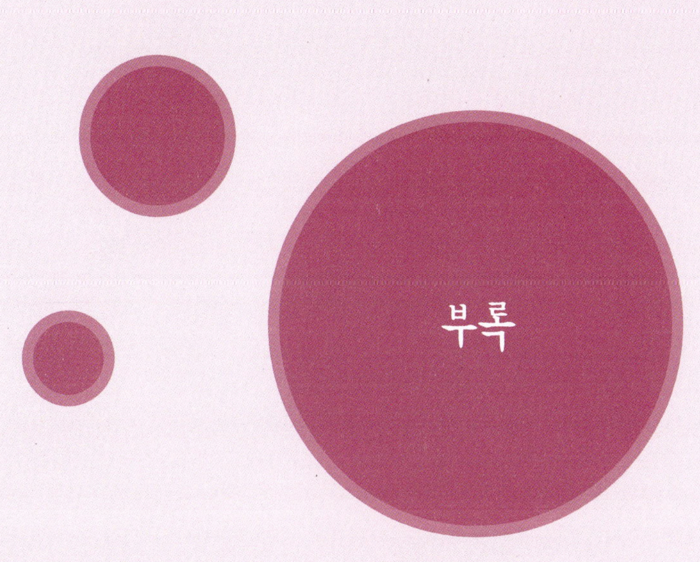

부록

1 수사(Números Cardinales)

0	cero	11	once	21	veintiuno (veinte y uno)
1	uno	12	doce	22	veintidós
2	dos	13	trece	23	veintitrés
3	tres	14	catorce	24	veinticuatro
4	cuatro	15	quince	25	veinticinco
5	cinco	16	dieciséis	26	veintiséis
6	seis	17	diecisiete	27	veintisiete
7	siete	18	dieciocho	28	veintiocho
8	ocho	19	diecinueve	29	veintinueve
9	nueve	20	veinte	30	treinta
10	diez				

31	treinta y uno	100	cien
32	treinta y dos	200	doscientos
38	treinta y ocho	300	trescientos
39	treinta y nueve	400	cuatrocientos
40	cuarenta	500	quinientos
41	cuarenta y uno	600	seiscientos
50	cincuenta	700	setecientos
60	sesenta	800	ochocientos
70	setenta	900	novecientos
80	ochenta	1.000	mil
90	noventa	10.000	diez mil
100.000	cien mil	1.000.000	un millón

589 quinientos ochenta y nueve

962 novecientos sesenta y dos

1.005 mil cinco

3.023.741

tres millones veintitrés mil setecientos cuarenta y uno

2 서수(Números Ordinales)

- 첫 째 primero
- 둘 째 segundo
- 셋 째 tercero
- 넷 째 cuarto
- 다섯째 quinto
- 여섯째 sexto
- 일곱째 septimo
- 여덟째 octavo
- 아홉째 noveno
- 열 째 décimo

※ 여성명사와 함께 쓸 때에는 -o를 -a로 바꾸어준다.
primera, segunda

3 계절 (la estación)

- 봄 la primavera
- 여름 el verano
- 가을 el otoño
- 겨울 el invierno

4 달 (el mes)

- 1월 enero
- 2월 febrero
- 3월 marzo
- 4월 abril
- 5월 mayo
- 6월 junio
- 7월 julio
- 8월 agosto
- 9월 septiembre
- 10월 octubre
- 11월 noviembre
- 12월 diciembre

5 요일 (la semana)

- 월요일 el lunes
- 화요일 el martes
- 수요일 el miércoles
- 목요일 el jueves
- 금요일 el viernes
- 토요일 el sábado
- 일요일 el domingo
- 주 말 el fin de semana

6 직업 (la profesión, el trabajo)

	남성	여성
• 학 생	el estudiante	la estudiante
• 요리사	el cocinero	la cocinera
• 웨이터	el camarero	la camarera
• 선생님	el profesor	la profesora
• 변호사	el abogado	la abogada
• 의 사	el médico	la médica
• 간호사	el enfermero	la enfermera
• 화 가	el pintor	la pintora
• 기 자	el periodista	la periodista
• 여행안내원	el guía	la guía
• 가 수	el cantante	la cantante
• 배 우	el actor	la actriz
• (은행, 슈퍼마켓 등에서) 출납을 맡은 사람	el cajero	la cajera
• 이발사	el peluquero	la peluquera
• 택시기사	el taxista	la taxista

7 감정과 모양을 나타내는 형용사(adjetivos)

- 즐거운 alegre, divertido(a) ↔ triste 슬픈
- 과감한 atrevido(a) ↔ tímido(a) 소심한
- 진지한 serio(a)
- 지루한 aburrido(a)
- 행복한 feliz, contento(a) ↔ infeliz, descontento(a) 불행한
- 사랑에 빠진 enamorado(a)
- 걱정이 있는 preocupado(a)
- 화가 난 enfadado(a)
- 호감이 가는 simpático(a) ↔ antipático(a) 호감이 가지 않는
- 똑똑한 inteligente ↔ tonto(a) 바보같은
- 키가 큰 alto(a) ↔ bajo(a) 키가 작은
- 뚱뚱한 gordo(a) ↔ delgado(a) 마른
- 흑발의 moreno(a) ↔ rubio(a) 금발의
- 예쁜, 잘생긴 bonito(a), hermoso(a), guapo(a)
↔ feo(a) 못생긴
- 이기적인 egoísta ↔ generoso(a) 너그러운
- 인색한 tacaño(a)

8 가족 (la familia)

- 할아버지, 할머니 el abuelo, la abuela
- 아버지, 어머니 el padre, la madre
- 삼촌(고모부, 이모부), 숙모(고모, 이모) el tío, la tía
- 남자형제, 여자형제 el hermano, la hermana
- 사촌 el primo, la prima(여자사촌)
- 조카 el sobrino, la sobrina
- 아들, 딸 el hijo, la hija
- 손자, 손녀 el nieto, la nieta
- 며느리, 사위 la nuera, el yerno
- 시아버지, 시어머니(장인, 장모) el suegro, la suegra
- 시동생, 시누이(처남, 처제) el cuñado, la cuñada

9 신체 (el cuerpo)

- 머리 la cabeza
- 눈 los ojos
- 입 la boca
- 팔 los brazos
- 등 la espalda
- 다리 las piernas
- 얼굴 la cara
- 코 la nariz
- 귀 las orejas
- 손 las manos
- 배 la barriga, la tripa
- 발 los pies

10 스포츠 (el deporte)

- 축구 el fútbol
- 배구 el vólibol
- 테니스 el tenis
- 수영 la natación
- 무술 el karate
- 농구 el baloncesto, el básquetbol
- 핸드볼 el balonmano
- 탁구 el tenis de mesa
- 스키 el esquí
- 스케이트 el patinaje

11 식품 (el comestible)

- 육류 la carne
  - 쇠고기 la ternera
  - 돼지고기 el cerdo
  - 닭고기 el pollo
  - 양고기 el cordero
- 생선 el pescado
  - 고등어 la caballa
  - 대구 el bacalao
  - 생태 la merluza
  - 멸치 la anchoa
  - 연어 el salmón
  - 참치 el atún

• 어패류 el marisco

- 오징어 el calamar
- 문어 el pulpo
- 바지락조개 la almeja
- 굴 la ostra
- 게 el cangrejo

• 야채 la verdura

- 시금치 la espinaca
- 무우 el nabo
- 당근 la zanahoria
- 마늘 el ajo
- 오이 el pepino
- 양파 la cebolla
- 상추 la lechuga
- 토마토 el tomate
- 감자 la patata

• 과일 la fruta

- 사과 la manzana
- 배 la pera
- 수박 la sandía
- 멜론 el melón
- 복숭아 el melocotón, el durazno
- 딸기 la fresa
- 포도 las uvas
- 오렌지 la naranja
- 귤 la mandarina

- 콩류 la legumbre
- 쌀 el arroz
- 우유 la leche
- 국수종류 la pasta
- 달걀 el huevo
- 사탕류 los dulces
- 아이스크림 el helado
- 요구르트 el yogur
- 케익 la tarta, el pastel
- 치즈 el queso
- 햄 el jamón

- 음료 la bebida
  - 차 el té
  - 커피 el café
  - 맥주 la cerveza
  - 포도주 el vino
  - 소주 el aguardiente

- 소금 la sal
- 설탕 el azúcar
- 후추 el pimiento, la pimienta
- 식초 el vinagre

12 색깔 (el color)

- 파란 azul
- 빨간 rojo(a)
- 노란 amarillo(a)
- 흰 blanco(a)
- 검은 negro(a)
- 초록의 verde
- 회색의 gris

13 집과 가구 (la casa y los muebles)

- 침실 el dormitorio
- 거실 la sala, el cuarto de estar
- 부엌 la cocina
- 식당 el comedor
- 욕실 el cuarto de baño
- 샤워 la ducha
- 문 la puerta
- 창문 la ventana
- 베란다 la terraza
- 침대 la cama

• 전등 la lámpara
• 소파 el sofá
• 테이블 la mesa
• 의자 la silla
• T.V. el televisor, la televisión
• 냉장고 la nevera, el refrigerador, el frigorífico
• 세탁기 la lavadora
• 컴퓨터 el ordenador, la computadora

14 교통수단 (el transporte)

• 버스 el autobús

중남미에서는 el camión(멕시코), el colectivo(아르헨티나), la guagua(베네수엘라) 등의 표현을 쓴다.

- 버스정류장 la parada de autobús

• 지하철 el metro, el subterráneo (중남미)
- 지하철역 la estación de metro

• 기차 el tren
- 기차역 la estación

• 비행기 el avión
- 공항 el aeropuerto

• 배 el barco
- 항구 el puerto

15 생활에 필요한 기관(Instalaciones)

- 학교 la escuela
- 대학교 la universidad
- 병원 el hospital
- 약국 la farmacia
- 우체국 la oficina de correo
- 은행 el banco
- 시청 el ayuntamiento
- 교회 la iglesia, la catedral(대성당)
- 슈퍼마켓 el supermercado
- 빵가게 la panadería
- 구둣가게 la zapatería
- 정육점 la carnicería
- 생선가게 la pescadería
- 문방구 la papelería
- 책방 la librería
- 미장원, 이발소 la peluquería
- 상점 la tienda
- 극장 el teatro
- 영화관 el cine

스페인어 배우고!!
중남미 여행하고!!

초판 인쇄 2007년 8월 10일
초판 발행 2007년 8월 20일

지은이 ▪ 정 혜 정 · 박 채 연

펴낸이 ▪ 박 철
펴낸곳 ▪ 한국외국어대학교 출판부
130-791 서울특별시 동대문구 이문동 270
전화 : 02)2173-2494~5
팩스 : 02)2173-3363
홈페이지 : http://press.hufs.ac.kr
전자우편 : press@hufs.ac.kr
출판등록 ▪ 제6-6호(1969. 4. 30)
편집 · 디자인 ▪ (주)이환 D&B 02)2254-4301
인쇄 · 제본 ▪ 삼진피앤씨(주) 02)2271-0860

ISBN 978-89-7464-455-0 18770 정가 10,000원 (MP3 CD 포함)

* 잘못된 책은 교환하여 드립니다.